Muito trabalho, pouco stress

"André aborda neste livro a armadilha que a maioria dos executivos de sucesso que conheço já enfrentou, principalmente aqueles que gostam do que fazem no trabalho. Gostar do trabalho costuma ser um dos ingredientes chave para o sucesso profissional. Essa realização pode trazer muitas recompensas. Contudo, existem outras dimensões, e a arte de buscar a felicidade está na sabedoria de encontrar o equilíbrio nas recompensas que o trabalho e as outras coisas de que gostamos podem nos proporcionar." — PROF. FERNANDO S. MEIRELLES, *diretor da FGV-EAESP*

"Andre Caldeira é um dos melhores que conheço na arte de maximizar a vida profissional e pessoal." — JOSÉ SALIBI NETO, *Chief Knowledge Officer – HSM*

"A revista *Nature*, em 1936, publicou uma carta inicial, na qual o termo stress é identificado como reação de alarme. Desde então essa condição tem sido sistematicamente estudada e, na chamada mecânica de fuga e luta, podem ser constatados efeitos agudos e crônicos com repercussão direta na qualidade de vida e na saúde. Um livro como este é importante na medida em que ajuda a chamar a atenção dos profissionais, com efeito positivo em termos de saúde populacional." — DR. CLAUDIO LOTTENBERG, *presidente do Hospital Albert Einstein*

"Ao iniciar a leitura, você pode achar que a descrição do personagem é exagerada, mas continue lendo... Este personagem que o André descreve existe, e é muito fácil encontrá-lo: ele pode trabalhar a seu lado, ser de sua turma de amigos, ser de sua família... ou morar em sua casa. Pode ser você? *Workaholics* são pessoas adictas ao trabalho e que precisam de ajuda para olhar em volta, identificar mais pontos de interesse e entender que, com mais diversidade na vida, seu papel profissional poderá ser exercido de forma mais completa. Não deixe o tempo passar pois não dá para você fazer amanhã o que não fez hoje por si mesmo. Leia os conselhos no fim de cada capítulo: eles poderão ser um *wake-up call* em sua vida." — FÁTIMA ZORZATO, *presidente da Russell Reynolds Associates Brasil – Executive Search & Assessment*

"Atualmente, é consenso entre especialistas em saúde e bem-estar que as pessoas somente vivem bem, são felizes, realizadas e têm máximo desempenho profissional e pessoal se conseguem atingir o equilíbrio, a harmonia e a integração entre as dimensões física, social, emocional, espiritual e intelectual de sua existência. Muitas pessoas têm orgulho em contar que são muito ocupadas, não tem tempo para nada, dormem pouco e são pressionadas por demandas crescentes. Às vezes, parece que esse é o 'figurino' ideal para executivos bem-sucedidos. O resultado é a necessidade de tranquilizantes e antidepressivos, o estilo de vida inadequado e o aparecimento precoce de doenças crônicas. André Caldeira, que teve uma trajetória profissional com várias experiências, inclusive como executivo, agora contribui para melhorar a qualidade de vida das pessoas por meio de vários canais (como sua coluna em Exame.com na internet), e traz no livro *Muito trabalho, pouco stress* uma abordagem prática sobre como buscar o equilíbrio entre a vida pessoal e profissional. Esta obra oferece pistas para as pessoas no mundo contemporâneo que não são encontradas nos livros acadêmicos e teóricos. É, sem dúvida, uma leitura agradável e que pode contribuir para melhorar a qualidade de vida das pessoas." — ALBERTO OGATA, *presidente da Associação Brasileira de Qualidade de Vida (ABQV)*

"Muitos executivos podem se reconhecer em Joe Labor, um *workaholic* que faz de sua vida uma combinação perversa, em que sucesso vira sinônimo de triunfo profissional somente. Muitas vezes, essa reflexão vem tardiamente, seja por questões de saúde, seja por questões familiares. Em sua obra, André Caldeira põe o personagem com os pés no chão, de maneira instigante e consciensiosa, alertando para o verdadeiro equilíbrio que leva à felicidade interior e à autêntica autoestima." — LUIZ FERNANDO FURLAN, *ex-Ministro da Indústria, Comércio e Desenvolvimento*

" "As pessoas não estão atrás de um emprego, mas sim de um significado para o seu trabalho, para a sua vida. O autor, executivo e empreendedor André Caldeira encontrou uma forma muito criativa de questionar a cada um de nós se estamos em busca de nosso sonho e de nossos propósitos ou se estamos apenas deixando, passivamente, nosso tempo passar, trocando-o por poder e *status*." — RUY SHIOZAWA, *CEO – Great Place to Work® Brasil*

"André Caldeira narra, de forma brilhante, o conflito atual da divisão de tarefas neste mundo tão competitivo e cada vez mais veloz. As prioridades se alteram à medida que os anos avançam. É importante definirmos, entretanto, o núcleo da nossa vida e considerarmos quais outras atribuições devem gravitar em torno dele de forma mais ou menos próxima. Para mim, por exemplo, a família é o núcleo central, cuja estabilidade é a fonte da felicidade, nossa maior busca. Somos responsáveis por nossas escolhas e suas consequências. O importante, contudo, é saber que não existem escolhas sem perdas." — MIGUEL GELLERT KRIGSNER, *fundador e presidente do Conselho de Administração do Grupo Boticário*

"Os *workaholics* assumidos vão levar um susto ao ver um retrato tão bem-acabado de seu perfil em *Muito trabalho, pouco* stress. Os disfarçados encontrarão traços em comum com Joe Labor, o anti-herói da história, mas poderão dizer que talvez seja coincidência. Mas para qualquer tipo de *workaholic*, assumido ou não, vai sobrar um alerta. A obsessão sem freios pelo trabalho e pela carreira corporativa é esquadrinhada e exposta por André Caldeira de forma tão incisiva que convida naturalmente à pergunta: será que eu não posso viver de um jeito diferente?" — SANDRA CARVALHO, *diretora de Exame.com – Editora Abril*

ANDRÉ CALDEIRA

Muito trabalho, pouco stress

Conheça **Joe Labor**, e talvez um pouco mais sobre você

Presidente
Henrique José Branco Brazão Farinha

Publisher
Eduardo Viegas Meirelles Villela

Editora
Cláudia Elissa Rondelli Ramos

Projeto Gráfico e Editoração
S4 Editorial

Preparação de Texto
Thiago Fraga

Revisão
Regina Oliveira

Ilustrações
Lucas Caldeira

Criação da Capa
Claudia Bordin

Finalização da Capa
Listo Comunicação

Impressão
Edições Loyola

Copyright © 2013 *by* Editora Évora Ltda.
Todos os direitos reservados. Nenhuma parte deste livro pode ser traduzido ou transmitido em nenhuma forma ou meio eletrônico ou mecânico, incluindo fotocópia, gravação ou por qualquer sistema de armazenagem e recuperação sem permissão por escrito da editora.

Rua Sergipe, 401 – Cj. 1.310 – Consolação
São Paulo – SP – CEP 01243-906
Telefone: (11) 3562-7814/3562-7815
Site: http://www.editoraevora.com.br
E-mail: contato@editoraevora.com.br

Dados internacionais de catalogação na publicação (CIP)

C151m

Caldeira, André

Muito trabalho, pouco stress: Conheça Joe Labor, e talvez um pouco mais sobre você/André Caldeira. – São Paulo: Évora, 2013.

240 p. ; 23cm.

ISBN 978-85-63993-49-6

1. Stress ocupacional. 2. Trabalho – Aspectos psicológicos. I. Título.

CDD 158.7

Para minha mãe, que me ensinou o que é disciplina.
Para meus irmãos, sempre comigo.
Para minha Ohana, a razão disso tudo.
Para meu pai, que vibra lá de cima.

SUMÁRIO

Prefácio... xi
Introdução xiii

PARTE 1 - JOE LABOR.. 1

   1. Joe Labor..3
   2. Uma vida que se chama trabalho....................................6
   3. Rotina pombagira 11
   4. Como é mesmo o nome da minha esposa?.................. 17
   5. Sai da frente, filho da mãe!... 21
   6. Fissura digital..25
   7. Zumbi *workaholic*..30
   8. *Jetlag*... 34
   9. @nãotenhotempoparaler.. 39
  10. Ferrugem nas juntas... 44
  11. Pelo menos comer bem eu mereço................................ 49
  12. Não vejo a hora de tomar uma 54
  13. Zen? O que é isso?.. 59
  14. Primeiro o trabalho, segundo o trabalho, depois... o resto............ 63

PARTE 2 - REFLEXÕES SOBRE JOE LABOR E O MUNDO CORPORATIVO 69

PARTE 3 - O EPÍLOGO DE JOE 97

PARTE 4 - *POSTS* SELECIONADOS DO *BLOG* QUE DEU ORIGEM A ESTE LIVRO E DE EXAME.COM 101

PREFÁCIO

De forma inteligente e bem-humorada, André Caldeira nos transporta para o mundo de Joe, que se assemelha muito ao mundo de muitos de nós, com uma rotina de trabalho extenuante e preocupações que, muitas vezes, trazem como consequência o stress e a frustração. Enfim, um círculo vicioso de difícil saída, com consequências terríveis, principalmente para a nossa saúde e para o nosso relacionamento familiar.

Joe Labor, o personagem criado por André, pode até parecer um exagero, um *workaholic* doentio, mas duvido que qualquer executivo de sucesso ou em busca de sucesso não passou ou não está passando por situações que se assemelham às narradas por André. Quase impossível não nos identificarmos, em algum momento, com o personagem.

Tendo estado na pele de Joe por um bom tempo, peguei-me tenso e ansioso em vários trechos da leitura, justamente por ter vivido momentos parecidos, e, em seguida, aliviado por ter superado essa fase, felizmente. Em vários outros trechos, André tem a habilidade de nos fazer rir de situações que na realidade são terríveis. Rimos de Joe, mas, na realidade, estamos rindo de nós mesmos.

O texto de André provoca, no mínimo, uma profunda reflexão sobre a rotina do executivo de hoje, trazendo dicas simples e de forma direta de como escapar das armadilhas criadas por essa rotina que, afinal, é criada por nós mesmos.

Difícil parar de ler antes do fim.

MARCEL MARTINS MALCZEWSKI – *Fundador da Bematech S/A*

INTRODUÇÃO

Atualmente, todo mundo trabalha muito, independente de função ou posição: profissionais liberais, prestadores de serviço, executivos, autônomos, sócios, empreendedores etc.

A motivação pode ser profissional ou pessoal. No trabalho, parte disso pode ser explicada pela velocidade da informação, o que gera mais assertividade em termos de processos, de produtividade e de conhecimento das ações da concorrência. Outra explicação pode estar no fato de nossos clientes estarem mais exigentes, com maior poder de comparação entre padrões de qualidade e preço. Ou porque nossos concorrentes estão igualmente mais bem informados, porque querem prestar melhores serviços e entregas, porque querem fidelizar mais.

As motivações pessoais também são diversas. Trabalho mais porque almejo reconhecimento profissional, quero conquistar uma posição melhor, pretendo galgar novas posições na minha carreira. Ou trabalho mais porque desejo proporcionar mais para minha família e me preocupo com o futuro dos meus filhos. Pode ser também porque quero manter meu padrão de vida, e, como gosto de viver bem, tenho de equilibrar as contas do cartão de crédito com mais atribuições para poder ganhar mais. Ou trabalho mais para não correr o risco de ser substituído com facilidade...

Qualquer que seja a razão, estamos todos mais competitivos, mais alertas, mais pressionados.

Além disso, estamos mais conectados durante o tempo que quisermos, em quase todos os lugares: internet, redes *wireless*, celular, *smartphones*, *tablets*, Blackberry, Nextel, SMS, MMS, *blogs*, Twitter, LinkedIn, Facebook, entre tantas outras tecnologias. Aliás, são tantas as opções que fica difícil escolher, usar e até mesmo lembrar de tudo o que temos à disposição para permanecermos ligados.

Tudo isso traz muito mais informação do que podemos processar, muito mais trabalho para todo mundo, de forma quase inevitável.

Ao mesmo tempo, vejo muitas pessoas esforçando-se, equilibrando-se para tocar da melhor forma possível sua vida pessoal, para gerenciar e controlar o stress pessoal e profissional. Tempo com a família, *hobbies*, exercícios físicos, desenvolvimento espiritual... Enfim, qualquer que seja o objetivo a ser buscado em paralelo ao trabalho, o desafio é grande, com diferentes perfis de iniciativa, vontade, disciplina, dedicação e sucesso.

A ideia de um *blog* sobre o tema (muitotrabalhopoucostress.wordpress.com) me abriu os olhos para uma realidade muito comum, que faz parte da rotina de muitos, e que afeta e prejudica tantos outros, mas que é um ponto em comum na vida profissional de quase todos.

Minha própria experiência é parte desta reflexão, deste aprendizado. Sou formado, por incrível que pareça, em Odontologia, profissão que exerci por quase dois anos antes de largar tudo e começar um novo caminho. Dei aulas de inglês por um bom tempo, e foi justamente isso que me fez perceber o que eu gostaria e o que não gostaria de fazer pelo resto da vida. Depois de me pós-graduar em Propaganda e Marketing, trabalhei na agência de publicidade do meu pai por mais de cinco anos, a qual foi vendida para outra, bem maior, muito antes de começarmos a viver a fase atual de fusões e aquisições da economia atual. Nessa nova agência, permaneci por dois anos e meio, ao mesmo tempo em que me preparei para estudar fora. Em 1998, fui para Los Angeles, nos Estados Unidos, fazer mestrado (MBA de dois anos), com foco em Estratégia e Marketing. Retornei ao Brasil e me associei a uma empresa incubadora de projetos de internet, que acabou falindo. Grávidos do nosso primeiro filho (hoje temos um casal), minha esposa e eu resolvemos voltar para Curitiba, cidade onde nascemos e crescemos. Acabei trabalhando com propaganda por mais dois anos; depois, por sete anos em um grande grupo educacional e de tecnologia – um dos maiores do Brasil. Durante os primeiros quatro anos, fui diretor de marketing corporativo, e, em seguida, assumi a gestão de uma unidade de negócios ligada a educação e tecnologia. Depois disso, tornei-me diretor-presidente de uma empresa de educação, com atuação nas áreas editorial e de tecnologia, dentro de um segmento de mercado extremamente competitivo. Resolvi sair dessa empresa para empreender, criar novos projetos, fazer palestras e trabalhar na área de treinamento e desenvolvimento humano. Recentemente, tive a honra de receber um convite de Exame.com para levar meu *blog* para este que é o principal portal de economia e negócios do país, no qual mantenho uma coluna sobre trabalho e stress com o mesmo nome deste livro (http://exame.abril.com.br/rede-de-blogs/muito-trabalho-pouco-stress/).

Ou seja, trabalho em excesso nunca faltou! Pelo contrário. E o desafio de equilibrar tal volume de responsabilidades com a vida pessoal sempre esteve na minha pauta individual e no topo das minhas prioridades.

Tempo com a minha esposa e com os meus filhos, tempo para me manter em forma, para cuidar do meu corpo e da minha saúde, tempo para a minha leitura, para a minha busca espiritual, para as coisas que gosto de fazer fora do trabalho, mesmo com o pouco tempo que me sobra.

Confesso que não é fácil; é um desafio quase diário, mas que vale muito, muito a pena.

Coloco muito da minha opinião, da minha história e ótica sobre isso tudo no meu *blog*, cuja seleção de *posts* está na parte final deste livro. E percebi pela reação das pessoas, pelos comentários, pelo *feedback*, que este tema – trabalho e stress – era muito rico e importante, e que merecia mais. Daí a ideia de escrever um livro.

Para aproximar ainda mais o livro dos leitores, criei um personagem, um executivo *workaholic*, inspirado em mim mesmo e em tanta gente que conheço: o Joe. O Joe poderia ser a Joana, mas, para simplificar meu trabalho, ficou como Joe mesmo (peço desculpas às profissionais mulheres; porém, tenho certeza de que muitas também se identificarão com ele, de uma forma ou de outra). Batizei Joe com o nome completo de Joe Labor, do inglês *labor* (trabalho). O Joe pode ser o João, o Juan, o Johann, pois a realidade de stress e trabalho independe de lugar e país. E também de idade, raça ou religião.

O papel do Joe neste livro é o de gerar identificação pessoal com cada leitor. Identificação que pretende gerar reflexão. Reflexão que, espero, gere mudanças na vida de muitos, dentro do que cada um entender como importante.

Para ilustrar o livro, convidei meu melhor amigo e companheiro, meu filho, Lucas. Ele tem 10 anos de idade, mas é um cara que me ensina muito, que me puxa a orelha quando estou passando do ponto como profissional demais e como pai de menos, que inspira o melhor em mim. Além disso, o traço de uma criança, de um filho, traz uma mensagem bacana: a do equilíbrio e complementação entre o trabalho e a família.

Aproveitando a parte dos agradecimentos, tenho de agradecer à Dani, minha esposa, minha *chef* favorita, minha guerreira, amiga e companheira que, há mais de 19 anos, tem a paciência para conviver comigo todos os dias e o discernimento para me ensinar e me fazer ver o que às vezes não conseguiria ver sozinho. Agradeço profundamente por seu amor, por seu apoio incondicional, pela força com o projeto deste livro, entre tantos outros, pelas opiniões, por nossa *Ohana*.

Agradeço também pela minha outra princesa, a Clara, minha filhota amada, que me faz ver o mundo de um jeito diferente, mais bonito, mais construtivo, mais colorido e divertido. Agradeço à minha pequena princesa, por me fazer o pai mais derretido e feliz do mundo.

Não posso deixar de agradecer também ao meu professor de ioga nos últimos dez anos, Francisco Kaiut, que, quando me conheceu, atestou que eu era um candidato e tanto a um infarto até os 40 anos (já estou com 44). Felizmente, ele me ajudou muito a errar nessa previsão, me ensinando sobre autoconhecimento, consciência, disciplina, paz interior e rigor crítico.

Por fim, agradeço a todos com quem convivi de alguma forma durante esses mais de 20 anos de experiência profissional. Tenho ainda muito chão e muita estrada pela frente, mas a observação e as experiências vividas até aqui são a fonte principal do que tentei colocar no papel, para o bem do maior número de pessoas e do maior número possível de profissionais que comungam um mesmo lema: "é possível, sim, equilibrar muito trabalho com pouco stress".

André Caldeira

PARTE I

JOE LABOR

I.
JOE LABOR

Joe Labor é o típico executivo atual, trabalhador incansável, equilibrista do tempo e da correria, soterrado pelo volume de trabalho cada vez maior.

Ele tem uma família e um emprego. Ou, na ordem correta, tem um emprego e uma família. A empresa para a qual trabalha é quase sua religião, a razão de sua existência. O cargo que ocupa é praticamente seu sobrenome, como se fosse parte de sua identidade e referencial mais palpável.

Vive para o trabalho, para as responsabilidades e para as obrigações. Isso quer dizer que ele abre mão, conscientemente ou não, de uma série de coisas da vida pessoal em prol da carreira. Apesar de toda a pressão que o cerca, estranhamente se acostumou com isso, e quando o ritmo acalma (o que é muito raro), ou durante seus períodos fora do escritório (férias raríssimas), Joe não se reconhece muito bem.

Seus hábitos, sua rotina, seus horários giram todos em torno da agenda no escritório, tanto durante a semana como no fim de semana.

Joe é movido pelo reconhecimento profissional. Isso é fundamental para seu crescimento econômico, mas ainda mais importante para sua autoestima.

Ele tem nos colegas e conhecidos do mercado de trabalho as referências mais sérias do que é o sucesso, a escalada de promoções, o estar com a carreira no trilho certo e no caminho para ficar "bem de vida".

A vida de Joe é dividida em ciclos profissionais, que são marcados por diferentes posições ocupadas dentro de uma mesma empresa ou por convites para mudar de empresa, que, em geral, estão ligados a algum tipo de promoção, seja de cargo, de função ou de natureza financeira.

O lema de Joe Labor é "Meu nome é trabalho".

O local onde ele mora está, com certeza, muito perto de você.

Você, certamente, o conhece e pode vê-lo na vizinhança, em uma empresa com a qual a sua tenha negócios ou na mesa ao lado da sua no escritório. Pode, ainda, vê-lo em seu próprio espelho, todos os dias, se olhar atenta e conscientemente...

'Procure um pouco do Joe que existe em você e aproveite este tempo de leitura para refletir, para se autoavaliar e reconhecer, para entender qual o ponto de equilíbrio almejado para sua vida.

Muitos de nós colocamos, de fato, o trabalho como a parte mais importante da vida. Fazemos isso de forma consciente? É necessidade ou modo "piloto automático"? Trata-se de uma prioridade consciente ou de uma fuga?

Joe pode nos ensinar alguma coisa, se deixarmos. Pode nos mostrar um pouco de foco, de necessidade de busca de equilíbrio, de desenvolvimento de outras frentes em nossa vida - saúde física, espiritual, alimentação, *hobbies*, tempo com a família e com os amigos. Ou seja, tudo o que somos, que julgamos importante ou que queremos resgatar e que não pode ser definido como trabalho.

Até porque se nos conhecemos melhor, se cuidamos mais de nós mesmos, teremos mais disposição para o trabalho, mais criatividade e mais vontade, o que significa mais produtividade.

Então, a motivação pode ser pessoal ou profissional. Mas a importância e os resultados de cuidarmos do equilíbrio entre trabalho e *stress* é inegável. Para Joe, para mim, para você, para todos.

2.
UMA VIDA QUE SE CHAMA TRABALHO

Joe nasceu em uma família de classe média e sempre foi um aluno normal. Ficava em recuperação de vez em quando, mas nunca chegou a repetir um ano na escola.

Entrou na faculdade no primeiro vestibular, com 17 para 18 anos, e quase não estudou durante os dois primeiros anos de curso. Aproveitava bastante as festas, saía com os amigos, curtia cada momento. Vivia, enfim.

Quando começou seu primeiro estágio, de imediato percebeu que precisava ficar mais esperto, pois muitos de seus colegas já estavam no terceiro ou quarto estágio, e dominavam não só a teoria como já tinham experiência prática em uma série de assuntos que eram quase grego para Joe.

Durante seu segundo estágio, Joe entendeu muito bem conceitos como "produtividade", "foco" e "competência". Começou a detectar claramente quem era bom e quem nem tanto, fosse um profissional mais experiente, fosse um estagiário como ele. E ser reconhecido como um profissional competente tinha ligação direta com velocidade de ascensão, com novas oportunidades, com mais dinheiro.

2. Uma vida que se chama trabalho

Naquele momento, surgiu nele uma característica profissional que o acompanharia por toda sua vida profissional: a competitividade. Fazer benfeito já não bastava, ele tinha de fazer melhor que os outros para poder ser notado, destacado, e, assim, cavar oportunidades para seu crescimento.

Isso significava abrir mão de algumas coisas pessoais, pois não era possível fazer tudo ao mesmo tempo. Joe começou a diminuir a frequência à academia, hábito que tinha desde os 15 anos. Começou, também, a engolir o almoço ou, às vezes, até pular as refeições, para conseguir dar conta das coisas que tinha para fazer.

Quando foi efetivado pela primeira vez tinha 21 para 22 anos. Foi uma das maiores alegrias de sua vida. Ter o próprio emprego, ganhar o próprio dinheiro e saber que o céu era o limite, que poderia ir tão longe quanto sua vontade e ganhar mais se se dedicasse mais. A relação era clara: mais esforço significava mais crescimento e maiores chances de sucesso.

Assim, a vida de Joe se tornou sua carreira.

Quando conheceu sua esposa, ficou apaixonado. Mas isso também era um desafio de foco. Até então, sempre havida sido fácil ter diferentes amigas e casos rápidos, sem nenhuma competição com a sua prioridade maior: o trabalho. Com sua (futura) mulher, no entanto, foi diferente, quase incontrolável. Queria namorar mais e mais, mas se debatia para não piorar o desempenho no escritório. Ele foi logo confessando para a esposa que era um *workaholic*, que isso seria bom a médio e longo prazo, pelo retorno financeiro e estabilidade de vida mais precoce, que ela tinha que se acostumar, que era bom ela também se ocupar, que eles teriam um padrão bacana de vida, que poderiam viajar bastante...

Quando casaram, Joe ficou apenas uma semana fora do trabalho, e se divertiu muito. Mas tão logo voltou para o escritório, sua rotina de sempre foi rapidamente reassimilada.

Quando seu primeiro filho nasceu, Joe estava no meio de um projeto crucial para o escritório, e teve de fazer uma reunião de discussão de estratégia no dia seguinte ao nascimento, enquanto sua mulher ainda estava na maternidade. O chefe dele não estava nem aí com a vida pessoal de Joe naquele momento. Os negócios eram mais importantes, e Joe, mais uma vez, teve de abrir mão de um momento pessoal único para se dedicar ao trabalho.

Quando soube que teria um segundo filho, desta vez foi uma surpresa. O planejamento do trabalho, da carreira de Joe era certamente melhor do que seu planejamento familiar. À medida que a família aumentou, Joe percebeu que o trabalho tinha duas faces: uma relacionada ao desafio, ao crescimento e à realização; a outra, ligada à pressão, à responsabilidade financeira e às contas para pagar.

O ritmo intenso, a estrutura familiar, os filhos e o mercado de trabalho moldaram Joe para uma vida diferente do que ele previa.

As prioridades da vida de Joe eram muito claras: a família, o trabalho e a estabilidade financeira (nem sempre nesta ordem).

Hoje, a vida de Joe é bastante diferente do que ele planejou e imaginou. Joe vive para o trabalho por uma série e mistura de razões: gosto, necessidade, costume, vício, ausência de outros objetivos.

Joe às vezes olha no espelho e não se reconhece. Fica pensando no que poderia fazer de diferente, mas, então, o dia começa, os compromissos surgem na sua cabeça e o ritmo de sempre entra em ação.

Há momentos em que tem vontade de jogar tudo para o alto, mudar tudo, recomeçar. Isso, porém, significaria perder tudo o que já foi conquistado ou o que poderia estar prestes a ser. E poderia significar dificuldade financeira ou queda do padrão de vida.

Ele convive pouco com a família, e se ressente por isso. Mas compensa isso com a satisfação interna de ser o provedor, de poder proporcionar uma vida confortável para os filhos. Ao mesmo tempo, caso resolvesse mudar tudo e dedicar mais tempo a eles, ainda que com menos dinheiro, o que de fato ele poderia dar para sua família?

Sem seu trabalho, sem seu dinheiro e sem sua rotina Joe não se reconheceria mais. Melhor não pensar muito nisso, melhor seguir em frente, até porque não há tempo a perder.

2. Uma vida que se chama trabalho

Talvez Joe se apresente em cada um de nós com mais ou menos intensidade, com o passar dos anos. Maiores responsabilidades, foco na carreira, competitividade, vontade de vencer. Tudo isso se mistura com falta de equilíbrio, afinal o cobertor é curto.

Quantas vezes momentos cruciais de sua vida pessoal foram obscurecidos ou tiveram ruído por um problema no trabalho? Problemas de trabalho fizeram você deixar de lado questões pessoais importantes? Interferiram em um momento que deveria ser de felicidade íntima plena?

Joe reconhece muito do que se passa em sua vida, mas não consegue encontrar meios eficazes de mudança. A inércia da sobrecarga domina sua vida. Não que seja infeliz no trabalho, mas o excesso colabora em muito para fazer de Joe uma pessoa infeliz. Ou desequilibrada.

Você tem seu trabalho e sua carreira pautados por quais objetivos? Ganhar dinheiro? E o dinheiro, é para sustentar sua família ou fazer uma bela reserva? Sua motivação de crescimento é pautada em aprendizado, em realização de projetos ou em remuneração? O que é mais importante? E seu propósito de vida, está alinhado a essa ordem de prioridade, às suas escolhas? Pare, pense, reflita. Não vire as páginas como faz todos os dias com os relatórios no escritório. Faça uma pausa, pense sobre sua rotina, suas escolhas, e comece a colocar no papel. Escrever é importante, porque nos faz pensar melhor sobre o que vamos registrar. E o registro escrito nos permite ler depois, e perceber o sentido e as motivações de nossos pensamentos. Sugiro, então, dois exercícios. O primeiro é pensar em como você se sente com sua rotina de trabalho atual, seu ritmo semanal, seu equilíbrio entre o tempo pessoal e profissional, seu tempo para si mesmo. O segundo, envolve questões mais complexas: Aonde você quer chegar? Qual o seu destino de chegada, daqui, digamos, a quinze ou vinte anos? O que você espera reunir, conquistar tanto do ponto de vista profissional, financeiro, como pessoal? Como se imagina daqui a quinze anos? E seu ritmo atual, sua direção no hoje está colaborando para o quadro de daqui a quinze anos?

3.
ROTINA POMBAGIRA

Joe acorda cedo todos os dias (cedo demais, na opinião dele). Sempre cansado e com muito sono, se arrasta para fora da cama. Na noite passada, dormiu pouco porque teve insônia. Na anterior, porque ficou trabalhando até tarde. E na outra, bem, já nem se lembra mais.

Mais um dia que ele deveria ter tentado acordar mais cedo para ir para a academia, para a qual pagou o semestre adiantado (para garantir que iria), mas acabou indo quatro vezes e nunca mais voltou.

Joe faz a barba, entra no banho e toma uma sacudida de adrenalina, pois começa a se lembrar de tudo o que deixou "pendurado" no escritório. Como em um choque, a cabeça se liga no trabalho já nos primeiros minutos após sair da cama, e a taquicardia começa imediatamente, juntamente com a respiração curta, afoita.

Ele se veste rápido e resolve, movido pela ansiedade de chegar logo ao escritório, que não vai dar tempo de tomar café da manhã em casa (de novo). Sai literalmente correndo, despedindo-se de forma desatenta e rápida da mulher e das crianças, promete que vai tentar chegar cedo para ficar com eles, e sai correndo.

Entra no carro, liga o rádio em uma estação de notícias qualquer, começa a tentar se atualizar, repassar mentalmente tudo que tem de fazer hoje, dar uma olhadela no Blackberry, e até passar os olhos pelo jornal de negócios que pegou na porta de casa, quando estava saindo.

Mas Joe não tem motorista. Então, haja (des)atenção no trânsito, que, por sinal, não anda...

Chega ao escritório, dá bom-dia apressado para sua secretária, e mal e mal coloca a pasta em cima da mesa, o telefone toca ao mesmo tempo que ele está ligando o computador. Hoje nem vai dar tempo de tomar café da manhã, de novo. Joe pega café preto, uma bolacha qualquer e engole ao mesmo tempo que fala ao telefone, toma notas, abre o jornal e faz sinais para um dos coordenadores de área passar por ali depois.

Assim que desliga, já pensando que não pode se esquecer das providências que rabiscou em um pedaço de papel em cima da mesa, começa a responder um *e-mail* muito importante que ficou pendente desde a semana passada, mas sua secretária entra na sala e diz que o supervisor da equipe comercial precisa falar com ele urgente. O celular pessoal de Joe toca duas vezes, ele põe no mudo (sem antes dar uma espiada e ver que é sua mulher, mas agora não vai dar tempo de falar com ela).

O colega da área comercial entra na sala e fala que o dia começou quente, pois a concorrência entrou com uma promoção muito agressiva, além de estar roubando um dos melhores vendedores da equipe deles. Rapidamente, esquadrinham um contra-ataque ainda mais agressivo que o oferecido pela concorrência, tanto na oferta das soluções da empresa como no pacote de retenção do tal vendedor. Depois, ele anota em sua mente que precisa calcular o impacto disso no resultado do mês...

O supervisor comercial sai da sala, Joe lê alguns *e-mails* inadiáveis da semana retrasada, e encontra duas mensagens desta manhã que precisam ser respondidas imediatamente. Começa a responder a primeira delas, mas seu Blackberry está tocando, e é o seu chefe, que está fora da cidade. Ele precisa de uma cópia daquele relatório que Joe havia prometido há três dias e que ainda não entregou. O chefe até que está calmo, pois sua voz não chegou a dobrar em volume de decibéis...

3. Rotina pombagira

Nisso, o pessoal da reunião das 10 horas já está esperando por ele há vinte minutos. Joe avisa a secretária que vai ter de adiar a reunião, pede desculpas e mais um café preto.

Engole o café (e quase queima a língua) ao mesmo tempo que revisa por cima o tal relatório que tem de enviar em seguida, e cuja versão rascunho estava no *e-mail* dele há mais de uma semana. Apesar de notar várias imperfeições e pequenas falhas, dá um jeito de ajustar os pontos mais relevantes e envia para seu chefe em vinte minutos (e não em cinco, como combinado).

Nesse meio-tempo, quatro ligações de fora, mais uma da sua esposa, e uma que ele tem que atender.

Trata-se da tal *conference call* das 11 horas, que ele marcou com os americanos. Ao mesmo tempo que começa a *conference*, percebe que seu inglês está horrivelmente enferrujado hoje, manda chamar as outras pessoas da equipe que vão participar com ele, e folheia seu caderno de anotações para lembrar-se de qual, exatamente, é a pauta desta conversa, já que é a continuação de uma análise de parceria com essa empresa, entre tantas outras, que ele vem tocando há algum tempo.

Após uma hora de conversa, parece que conseguiu encaminhar o acordo, com uma lista clara de pontos a serem discutidos na próxima *conference*, bem como os deveres de cada lado para fazer o negócio andar.

Assim que termina a *conference*, sai correndo para o banheiro, por necessidade fisiológica pura, mas leva o Blackberry para dar uma olhada nos *e-mails*. Dez minutos depois, volta para sua mesa, que já tem dois recados de ligações que recebeu nesse meio-tempo. Recomeça a tentar responder aquele *e-mail* que está muito atrasado, quando entra a secretária, de novo, pedindo para ele aprovar urgente um pedido de compra de insumos que está parado no sistema por culpa dele.

Joe pede mais um café, olha no relógio e lembra que não pode se atrasar para o almoço com o cliente às 13 horas. O telefone acalma um pouco, ele consegue responder a quatro das vinte e sete mensagens relevantes de agora de manhã, e sabe que já está atrasado.

Sai correndo do escritório às 12h50 e só consegue chegar ao restaurante, suando, às 13h15. Pede desculpas, respira fundo e tenta se concentrar em ser agradável, interessante, persuasivo e bom ouvinte, apesar de sua cabeça estar em dez outros lugares ao mesmo tempo.

O almoço acaba quase às 15 horas, e tudo que Joe gostaria agora era de tirar uma boa soneca. Mas a reunião das 14h30 já foi adiada em meia hora, e o pessoal da área de marketing tem *deadlines* sérios, caso contrário a campanha não vai entrar a tempo. Nem dá tempo de escovar os dentes. Ele vai direto para a reunião. Lembra-se, no meio da conversa, de que se esqueceu de pagar o cartão de crédito pessoal (de novo). Faz uma anotação para lembrar de colocar em débito automático (e se lembra que já fez esta mesma anotação umas seis vezes...).

Por volta das 16h15 chega à sua mesa, e encontra cinco novos recados de ligações a serem respondidas, sendo duas delas urgentes. Liga de volta, dá uma olhada nos *e-mails* recebidos naquela tarde, vê que os da manhã já acumularam e se dá conta que vai ter de ficar até mais tarde para tentar pôr a vida em dia ou, então, de trabalhar no fim de semana (mas como é que vai explicar isso para as crianças, de novo?).

Quinze minutos depois, entra na reunião de planejamento do novo lançamento, que vai até as 18h30, junto com mais três xícaras de café e uns (sete?) bombons que acabou devorando no meio daquele stress todo. Acaba desperdiçando um pouco de tempo batendo papo com o pessoal (afinal, ninguém é de ferro...) e volta para sua mesa quase 18h45, quando encontra um bilhete da sua secretária com os contratos que têm de ser assinados *ainda naquele dia*, as ligações que ele não retornou (sua esposa ligou, de novo), e um pedido do chefe para ver um *e-mail* urgente encaminhado.

Por volta das 20h30 resolve parar, não porque colocou tudo em dia (pelo contrário), mas porque não aguenta mais, precisa de uma pausa, e porque sabe que se chegar mais tarde em casa não pegará

3. Rotina pombagira

as crianças acordadas. Ao começar a fechar todos os programas abertos em seu computador, descobre que o primeiro *e-mail* do dia, aquele muito importante, que ele estava atrasado na resposta desde a semana passada, continua ali, não finalizado e tampouco enviado... Chega em casa às 21 horas, dá um beijo em todos, toma banho, janta (mais do que devia), toma um digestivo, tenta explicar para sua mulher por que não ligou de volta, conversa com ela por cinco minutos, sem prestar muita atenção, e vai se sentar...

Na frente do computador.

Trabalha até quase meia-noite e vai para a cama, exausto. Tenta dormir, mas não consegue, tal o ritmo da cabeça, ainda ligada no trabalho. Liga a TV e fica tentando se desconectar até quase 1h30 da manhã.

Mal fecha os olhos e não consegue acreditar que já é o despertador, e que ele tem de se jogar para fora da cama de novo...

> Joe é um verdadeiro malabarista, como aqueles de circo, que tentam manter vários pires girando em cima de diferentes varetas ao mesmo tempo, correndo para salvar os pires que estão prestes a cair, ou priorizando os mais importantes, e deixando outros em pedaços pelo caminho.
>
> Quem nunca teve um dia meio parecido com esse de Joe ou que, pelo menos, lembrasse um pouco essa maluquice?
>
> Um dia que parece uma pombagira, de tirar qualquer um do eixo, de quase não dar tempo de respirar.
>
> As ligações, os compromissos pessoais e, principalmente, a família são deixados para depois. As prioridades se invertem, e o descontrole parece tomar conta.

O tempo pessoal, o tempo com a família, quase que não existe. O profissional se sobrepõe totalmente ao ser humano, e a expectativa de recuperar esse equilíbrio no fim de semana é sempre frustrada, seja pelo trabalho que invadiu também estes dias, seja pela exaustão que impede qualidade de tempo e de vida com a família.

Estar com os amigos, mas com a cabeça em outro lugar, participar pouco das conversas, ir embora mais cedo por sono ou cansaço. Querer brincar com as crianças no fim de semana ou querer sair para namorar a esposa à noite, mas nunca cumprir com as promessas, seja com os outros, seja consigo mesmo.

Você já passou por isso? Você e Joe têm pontos em comum no dia a dia? Quais são e o que você tem feito para equilibrar melhor sua rotina profissional com suas prioridades pessoais? Coloque no papel, registre, relembre sua agenda típica da semana e veja quanto tempo você consegue dedicar à sua família, aos amigos e a você mesmo.

4.
COMO É MESMO O NOME DA MINHA ESPOSA?

Joe quase nunca consegue ligar de volta para sua mulher ao longo de um dia de trabalho, mas não desiste de tentar estar presente nos compromissos familiares ao longo da semana ou no fim de semana...

Quando seu filho mais velho estudava à tarde, ele até tentou sacrificar alguns almoços para passar em casa e levá-lo para a escola, mas como o garoto acabou recebendo uma série de advertências por chegar atrasado, a esposa de Joe achou melhor que ele desistisse daquilo.

Buscar os filhos no fim da tarde, nem pensar. Além de a escola não ser perto do trabalho, o trânsito não colabora. E a verdade é que 17h30 ou 18h (o horário de saída das crianças da escola) é quase o meio do expediente da tarde de Joe. Como é possível que outros pais saiam do escritório em um horário desses? Que tipo de trabalho essa gente tem para estar fora do escritório a uma hora dessas?

As coisas melhoraram um pouco quando o mais velho passou a estudar de manhã. Enfim, uma oportunidade para Joe levar o filho para a escola, dialogar, conectar-se com o garoto, que, daqui a pouco, começa a se tornar adolescente. Mesmo assim, na maioria das vezes, no trajeto para a escola, o garoto está jogando algum *game* portátil ou ouvindo música no seu iPod, enquanto Joe está escutando as notícias no rádio, pensando no que tem que fazer no trabalho ou dando uma espiada em seu Blackberry...

Joe sempre se pergunta o que deveria fazer para conseguir conversar com o filho. E, por mais que tente começar alguns assuntos, seu mundo e o de seu filho parecem não ter conexões. Eles parecem viver realmente em universos paralelos, e desinteressados um do outro.

Quando chega em casa, no fim do dia (que já é noite, no caso da rotina de Joe), ele sempre está muito, muito cansado. Nem tanto cansaço físico, mas estafa mental, mesmo. A vontade é de sentar e vegetar na frente da TV, sem falar, sem pensar, sem se mexer.

Seus filhos, durante muito tempo, pediam para brincar com o pai. Agora, já não mais. Já não pedem, porque Joe sempre reagia de duas formas: ou dizia que estava cansado e dava um jeito de ir tomar banho, jantar e depois, quase sempre, voltar para o computador para trabalhar, ou até aceitava brincar, ou tentar brincar, porque, quando começava, era com uma falta de energia, com tal ausência mental, que as crianças logo se enchiam e partiam para fazer alguma coisa mais divertida do que brincar com um pai sempre morto de cansaço, um pai chato, um pai que não estava ali de verdade. E isso quando Joe não levava trabalho para casa, o que não era muito incomum. Daí, a negociação não era mais com as crianças, mas com sua mulher. A coisa começou a ficar tão frequente, que ele negociou, por um tempo, de não trabalhar mais em casa à noite. Isso foi em um ápice de discussão com ela, quando ele disse (blefou) que iria mudar.

Três coisas aconteceram.

A primeira foi que ele começou a esperar a mulher dormir para poder ir para o computador, mas concluiu que não daria certo, porque o sono no trabalho no dia seguinte era impossível de suportar e porque o tal remédio que lhe sugeriram tomar para ter mais energia dava, além da tal energia, uma sensação de palpitação que parecia que ia ter um infarto.

A segunda foi que ele começou a ter de tirar a tarde inteira de domingo para colocar a vida em dia, e a mulher dele não ficou nem um pouco feliz com isso também (as crianças nem ligaram muito, pois já tinham se acostumado com a quase ausência do pai).

E a terceira foi ele dizer que isso não era mesmo possível, e que não iria mais trabalhar fora do expediente, que já trabalhava demais, e que ia dar um jeito durante o expediente para não ter de levar trabalho para casa!

Bem, essa resolução durou só dois dias...

Mas mesmo não trabalhando à noite, e tentando cumprir a promessa de entrar em casa e curtir a família, Joe parecia um item da mobília, um objeto, quando entrava em casa. Apesar de sua maior vontade ser entrar e vegetar na frente da TV, ele, quando chegava, tentava puxar papo com a esposa, dialogar, trocar ideias, se aproximar. Isso, normalmente, durava uns dez minutos, porque, depois, ou a vontade de papear acabava ou o assunto é que morria.

Joe já não tinha muito em comum com a mulher, pois o dia a dia deles era distante e muito diferente. Os assuntos de cada um acabavam não sendo compartilhados, e era complicado retomar de um ponto que eles nem lembravam direito qual era. Joe pensava que era melhor assim, pois nem adiantava tentar explicar para ela seus assuntos, uma vez que havia muitos detalhes, tudo muito complexo, e ela não iria entender....

Namorar, então, era uma ou duas vezes por mês, e olhe lá. Em geral, nos fins de semana, quando ele não estava morrendo de sono ou meio de um pileque, por ter bebido demais, ou estressado demais pela pressão no trabalho. Ou seja, Joe e a mulher estrelavam um verdadeiro guia anti Kama Sutra...

Joe sabe – e sente – que a conexão com a família está desaparecendo. Isso o faz se sentir solitário, desconectado das pessoas que, paradoxalmente, são as mais importantes da sua vida, mas que recebem a menor dose de atenção.

O fenômeno trabalho-que-suplanta-a-família tem dois estágios: o primeiro, o do nervosismo de arranjar desculpas, o das brigas pelo pouco tempo, mas que ainda é cercado de vontade de estar junto, de dar um jeito. O segundo, muito mais grave, é o do "paciência, é o que consigo fazer". Ou seja, ninguém tenta muito e ninguém se importa muito.

Com os filhos, normalmente a relação se pauta pela distância ou pela proximidade comprada. O capitalismo paternal em plena função, com o pai ou a mãe profissionais comprando muito mais presentes do que deveriam, como uma forma de tentar minimizar sua ausência ou o peso na consciência.

Quanto do que você vive com sua mulher ou marido, ou com seus filhos, se os tiver, se assemelha à vida de Joe? Quanto da sua vida está no escritório e quanto está fora dele? Quais as suas reais prioridades?

5.
SAI DA FRENTE, FILHO DA MÃE!

O trânsito é um capítulo à parte na vida de Joe. Ele sempre concorda com todo mundo que o trânsito está cada vez pior, que temos de ter paciência, que não há muito para ser feito, que não adianta nada se alterar, se irritar, se estressar, pois são sempre dois trabalhos...

Mas a verdade é que Joe, quando sozinho no trânsito, sem a mulher, os filhos ou alguém do trabalho com ele no carro, se transforma. Parece a história do Dr. Jekyll e Mr. Hide.

Basta alguém cortar a frente dele de forma inesperada que uma verdadeira onda de cólera surge. O selvagem assume a direção e, sai da frente... Ele xinga, esbraveja, buzina como um louco no meio de um acesso de fúria.

Quando Joe assistiu àquele filme do Michael Douglas, *Um dia de fúria*, identificou-se imediatamente. Quantas e quantas vezes ele não fantasiava pegar uma metralhadora e sair dizimando aqueles que impediam seu caminho, lerdos, sem noção, gente que não devia ter carteira, que não devia sair de casa...

Em vez de dar passagem e tentar ser gentil no trânsito, ele compete, tenta passar na frente dos outros, encara quem o ultrapassa como uma verdadeira criança mimada.

E acha que tem total controle sobre esse temperamento, para virar a chave (do selvagem para o civilizado) quando chega ao trabalho ou em casa. No escritório, tenta, de verdade, ser gentil com as pessoas, mas aquele idiota que freou de repente em seu caminho tirou um bocado da sua paciência naquele dia, e ele, de um jeito ou de outro, acaba descontando em alguém no escritório, muitas vezes contaminando o ambiente. Isso quando não leva para casa o tal do temperamento "interruptor". Esse comportamento bipolar faz com que ele mude da água para o vinho, do grosseiro para o atencioso sem transparecer, tentando não descontar em ninguém. Só que o desconto acontece nele mesmo, de forma gradativa, como uma panela de pressão em fogo baixo.

Joe acha que dirige muito bem, bem até demais. E volta e meia dirige e fala ao celular ao mesmo tempo. Ou seja, indo ou voltando do trabalho, falando de trabalho, discutindo detalhes de projetos, atendendo a ligações importantes que precisam de toda a sua atenção, enquanto dirige. Chega ao cúmulo de, às vezes, não se lembrar direito como chegou ao escritório, pois falou ao celular durante o trajeto todo.

Isso quando não tenta checar mensagens no Blackberry, para "atualizar" sua caixa de entrada, ao mesmo tempo que dirige, xinga, buzina e tudo mais. Durante alguns dias, tentou levar o jornal para ler no carro, no caminho para o escritório, pois o trânsito parava muito, e ele quase não tinha tempo para ler no escritório. Lógico que não conseguiu fazer nem uma coisa nem outra. Ou cometia barbeiragens por tentar acabar de ler alguma notícia (quase fez uma besteira grande uma vez) ou não lia quase nada, porque tinha de prestar atenção ao trânsito.

Certa vez, quando choveu muito e o trânsito parou por completo, Joe ficou preso no mesmo lugar por quase duas horas. Leu todo o jornal rapidamente, e foi checar seu Blackberry, que estava com pouca bateria. Depois de cinco minutos, a bateria acabou e ele não tinha mais o que fazer para ser "produtivo", porque tinha esquecido

5. Sai da frente, filho da mãe!

seu celular pessoal em casa. Achou que ia ter um infarto, de tão nervoso e irritado que ficou. Preso no meio do trânsito, com chuva e sem sair do lugar, sem nada para fazer, com um monte de coisas acumuladas no escritório sem que pudesse fazer nada a respeito. Chegou a pensar em largar o carro ali mesmo para dar um jeito de chegar ao trabalho, mas acabou tendo um lapso de juízo e resolveu ficar. Acabou pegando um pedaço de papel e rabiscando detalhes de um projeto urgente (como todos os outros) que não podia deixar de atualizar quando chegasse.

Depois desse episódio, Joe chegou a contratar um motorista, mas após um mês achou caro demais (além de implicar com o modo como o sujeito dirigia). Tentou pegar táxi, mas em dia de chuva isso era impossível, além do fato de muitos motoristas quererem conversar durante todo o trajeto, o que era um exercício de paciência para Joe.

Acabou voltando a dirigir do mesmo jeito. Um verdadeiro coquetel molotov de personalidades: o executivo atrasado, o motorista inflamado, o selvagem da buzina e dos xingamentos, o profissional que queria se atualizar. Tudo ao mesmo tempo, sem desligar nunca, mas, também, sem jamais admitir esse tipo de comportamento perante os outros. Sua esposa nem ligava mais. Sabia perfeitamente das reações do maluco ao seu lado no trânsito. E conhecia muito bem o que ele dizia em conversas com os outros sobre comportamentos violentos no trânsito: "Onde vai parar o mundo deste jeito? Temos que aprender a ser mais pacientes!".

> Joe tem grande dificuldade em lidar com fatores externos, aqueles chamados imponderáveis. O trânsito que não anda, a fila que parece sem-fim, o garçom no restaurante que resolve ser mais simpático do que o protocolo, e começa a conversar

com sua mulher como se fosse um amigo de longa data, este tipo de coisa.

Tudo isso irrita Joe, e muito. O trânsito, por ser um fator diário de pressão e barreira, é o seu maior transformador. Tudo o que ele sabe que não deve fazer acaba fazendo, sobretudo quando está sozinho.

Você se reconhece, ainda que um pouco, no comportamento de Joe quando está dirigindo?

Quanto de sua paciência é diariamente consumida pelo trânsito ou por outras pequenas coisas que não deveriam ter tanta importância? Quantas vezes você recentemente reagiu de forma intempestiva e grosseira com pessoas no trabalho ou em casa, que não tinham absolutamente nada a ver com sua ansiedade interna?

Quanto disso é consequência de seu estilo de vida, do volume e pressão em seu trabalho?

6.
FISSURA DIGITAL

A cabeça de Joe parece um processador de computador.

No escritório, ele se alterna entre as ligações, as reuniões, as centenas de *e-mails* diários. Um ritmo frenético que, nos últimos tempos, tem mudado muito pouco, mesmo quando Joe não está fisicamente no trabalho.

Primeiro, existe o chamado *webmail*, ou seja, a possibilidade de Joe acessar seus *e-mails* remotamente, seja de casa, seja de qualquer lugar onde ele esteja ou viaje (e que tenha acesso à internet). Para Joe, acessar a internet deixou de ser algo ligado a entretenimento ou prazer, quando fora do escritório, pois o vício de "dar uma olhada" nas mensagens do trabalho é mais forte que sua decisão de querer se desconectar, mesmo em férias.

Invariavelmente, nos fins de semana, quando Joe não tem o que fazer (o que para ele é sinal de angústia, pois ficar parado ou improdutivo é algo que não sabe fazer, ou não consegue tolerar...), conferir o *webmail* do trabalho é destino garantido. Afinal, é sempre uma oportunidade para tentar colocar seu *follow* de coisas a fazer em dia (algo que, na verdade, nunca acontece).

Além do *webmail*, Joe também tem um *smartphone*, o que significa que o vício de acessar a internet foi multiplicado por não se sabe bem quantas vezes desde que começou a se relacionar com o seu novo "brinquedinho". Além da luz vermelha que pisca no aparelho, indicando "que há novas mensagens não lidas", Joe se viciou no mecanismo de vibração, que também indica a existência das tais novas mensagens. E o incrível é que ele fica absolutamente nervoso quando a luz vermelha não pisca por muito tempo ou quando o telefone deixa de vibrar. Para Joe, fim de semana é sinônimo de ansiedade, pois o tal aparelho diminui muito sua intensidade de recepção de mensagens. Mais de uma vez ele chegou a pedir para o pessoal de TI da empresa verificar se o aparelho não estava com defeito, logo depois de um fim de semana com poucas mensagens entrando...

Junto com o celular corporativo, ele sempre tem à mão seu celular pessoal, que também é um *smartphone*, e que Joe, claro, programou para receber seus *e-mails* pessoais (todos ligados a listas de discussão de temas do trabalho ou *updates* de notícias do seu segmento de trabalho). Já faz tempo que ele tem pouco ou nenhum tempo para responder às mensagens dos amigos, ou mesmo retransmitir mensagens divertidas ou de conteúdo adulto. Por conta disso, os amigos de fora do trabalho têm lhe mandado cada vez menos mensagens, e o contato com eles acaba sendo muito esparso.

Joe, o processador, fica *on-line* quase 100% do tempo. Fora do escritório, acessa seu *webmail*, vive com o *smartphone* na mão, responde *e-mails*, fala ao telefone por seus dois celulares e lê notícias na internet (acabou criando um vício de ter que ver quase toda hora qual o destaque na *home page* do seu portal favorito de notícias na internet). Além disso, descobriu a febre do SMS e vive trocando mensagens com o pessoal do trabalho. Fora isso tudo, recentemente aprendeu como usar os comunicadores do tipo MSN também fora do escritório, via celular, e vive dando uma olhada para ver se alguém respondeu às suas perguntas sobre próximos passos de projetos ou *deadlines* da semana. Para completar, há algumas semanas comprou um *tablet* e vive baixando novos aplicativos, os quais dificilmente tem tempo de usar.

6. Fissura digital

O interessante é que Joe defende a tecnologia com unhas e dentes. Diz que ela veio para facilitar, e muito, a sua vida, pois diminui o trabalho no escritório, e o ajuda a ficar mais em dia com os assuntos do escritório...

Outra coisa insólita é que ele não admite quando lhe dizem que é viciado no seu *smartphone*. Uma vez lhe contaram que o apelido do aparelhinho era "crackphone", relacionado ao *crack*, tal o seu poder viciante, e ele até achou graça no paralelo, mas lógico que não era o caso dele, aliás, longe disso...

Mesmo quando, certo dia, ele foi até a chácara de uns amigos na região serrana, perto da cidade onde morava. Foram convidados para passar um feriado lá (e, miraculosamente, Joe não tinha que enforcar o feriado por conta do trabalho). Ele concordou com a mulher que seria uma superoportunidade para descansar e relaxar, três dias tranquilos e tudo mais. Umas três horas depois que chegaram, após o almoço, quando todo mundo foi dormir e as crianças estavam brincando, Joe começou a sentir uma angústia danada com todo aquele silêncio e calmaria. A TV só transmitia canais abertos, via satélite, e não tinha CNN, Globo News ou Bloomberg. Ou seja, não dava para assistir nada... Foi até o carro, escondido da mulher, pegar o seu telefone, e tomou um susto enorme.

Não, o *smartphone* não tinha sumido. Ele simplesmente não pegava, não tinha sinal! Joe andou por vários cantos do lugar, tentando conseguir sinal, e nada. Acabou ficando de mau humor quase o tempo todo, e, quando chegou o dia da volta, logo depois do café da manhã, deu um jeito de arrancar toda a família daquele lugar infernal, daquele fim de mundo, o mais rápido que pôde. Só se sentiu um pouco melhor quando entrou na cidade e viu um pouco de trânsito, e viu que seu telefone começou a vibrar de novo. Olhou, então, com cara de alegria e animação para a mulher, que ignorava Joe e olhava para fora da janela do lado dela, emburrada.

Em outra ocasião, Joe tinha trabalhado o sábado inteiro e chegou em casa por volta das 19 horas. A casa estava com uma música gostosa, velas acesas, uma garrafa de champanhe aberta e duas taças, banheira de hidromassagem cheia e tudo mais. As crianças tinham ido dormir na casa da avó e a mulher de Joe estava toda cheia de intenções, sedutora. Eles começaram a dançar, a beber um pouco, mas Joe se sentia um pouco fora daquilo tudo, ainda pensando se a forma que eles tinham encaminhado o projeto aquela tarde no trabalho era a mais adequada. Só depois de umas três taças é que começou a esquecer o trabalho. Quando estava começando a curtir e ficar "animado", lembrou-se de que tinha deixado seu telefone na mala do trabalho, que tinha ficado na sala (na sala de casa, não do trabalho!).

Tentava se concentrar na situação com a mulher, ou melhor, não se lembrar do telefone, mas a imagem do aparelho lá longe ficava voltando à sua cabeça, e com ela a angústia de não saber se novas mensagens estavam chegando ou não. E, com isso, não havia jeito de Joe se "animar"...

De início, a mulher tentou deixá-lo mais tranquilo, mais à vontade. Depois, começou a ficar frustrada, e acabou desligando a música e ligando a TV, dizendo que isso acontece etc. e tal...

Quando Joe conseguiu dar um pulo na sala e pegar seu telefone, voltou para o quarto todo animado, já começando a abraçar a mulher, que lhe disse que tinha ficado com dor de cabeça e queria dormir.

Naquela noite, Joe se perguntou se seria possível que o *smartphone* pudesse ter esse tipo de efeito sobre ele, mas, depois, distraiu-se acessando os *e-mails* do trabalho e colocando algumas mensagens em dia.

’

A tecnologia é uma grande aliada e um algoz na vida de Joe. Estar conectado o tempo todo é um hábito ou um vício? Não conseguir somente se divertir, sem pensar no trabalho, é normal?

6. Fissura digital

Joe é normal? O normal é estar *on-line* o tempo todo? Que tipo de "normal" é você?

A velocidade do trabalho deve ser a mesma de nossa vida pessoal? Como diminuir esse ritmo?

Precisamos mesmo checar os *e-mails* do *smartphone* a cada cinco minutos, à noite ou nos fins de semana?

Será que é tão difícil assim ficar em casa sem pensar em trabalho, ou tentar conversar sobre outros assuntos que não os do escritório?

Qual o papel da tecnologia no seu trabalho e o quanto ela auxilia na invasão da sua vida pessoal? Você consegue desligar seu celular ao chegar em casa? Pode fazer isso ou sua empresa não veria tal atitude com bons olhos? Você tem de estar 100% do tempo à disposição do seu trabalho ou acaba fazendo isso por iniciativa própria ou vício? De novo, vale algum tempo de reflexão e os registros de seus hábitos e abusos tecnológicos.

7.
ZUMBI *WORKAHOLIC*

Joe tem muitos problemas com seu sono.

À noite, depois que a família dorme, ele sempre vai para o computador, revisar projetos, responder mensagens, pedir alterações em apresentações e propostas, enviar *e-mails* de providências para o dia seguinte, entre outras coisas.

Tarde da noite, já exausto, com os olhos ardendo e o cérebro parecendo um pudim, ele se rende e desliga o computador para ir para a cama. Mas nunca consegue dormir rapidamente. Ou demora um bom tempo, que é o tempo que sua cabeça precisa para se desligar dos assuntos do escritório, ou acaba tendo insônia, por ficar pensando em como resolver algum assunto mais complexo, ou complicado. Isso quando não continua a pensar em como melhorar as métricas da equipe de pós-venda ou outro assunto qualquer, rolando de um lado para outro na cama.

Várias noites da semana, a mulher tem de acordar Joe na sala, no meio da madrugada, pois ele pegou no sono na frente da TV, depois de ter ficado com insônia.

E o efeito colateral no dia seguinte é certo.

Primeiro, Joe não consegue (de novo) ir para a academia (pagou o semestre e quase não apareceu). Segundo, ele passa o dia brigando com uma certa preguiça, uma sonolência danada, principalmente depois do almoço. Se o almoço for com um cliente, então, e se o pessoal tiver resolvido abrir uma garrafa de vinho para acompanhar a conversa, o período da tarde de Joe se revela uma verdadeira tortura. Uma luta, uma guerra contra o sono. Não é raro ele ter de ficar se beliscando durante reuniões, disfarçando bocejos que insistem em deixar os olhos lacrimejando. Em situações mais extremas, ele já chegou a ir ao banheiro no meio de reuniões para jogar água no rosto e tentar ficar mais desperto.

Mas o antídoto mais comum e certo tem nome: café, muito café puro.

Café logo que chega ao escritório. Café durante a manhã. Café depois do almoço. Café o tempo todo. As tais xícaras de cafezinho são muito pequenas para Joe, então ele tem sua própria coleção de xícaras (ou baldes) grandes.

O sono até que vai embora com todo o café, mas, então, quem aparece é a dor de estômago. Já faz tempo que ele briga com uma queimação, um desconforto no estômago. Já marcou médico quatro vezes; no entanto, teve de adiar por causa reuniões ou outros compromissos. Haja antiácido e outros remédios para aliviar a dor. Antiácido que acaba sempre sendo regado a mais café.

Há algum tempo, Joe resolveu tentar umas cápsulas que um colega estava tomando.

A vermelha para o dia, a azul para a noite.

Ou seja, ajuda para ficar energizado e disposto, ajuda para apagar de noite e não ter insônia.

Joe tomou a tal combinação por uma semana, mas teve de largar. Primeiro, o mau humor em casa era tal, que mais um pouco achou que teria de isolar sua mulher e filhos para não passarem sequer na frente dele.

Segundo, começou a explodir com as pessoas no escritório, gritando e saindo fora de si como um maluco. O louco do trânsito resolveu incorporar de vez no escritório também.

Terceiro, tinha a sensação de que teria um infarto todos os dias, pois, de uma hora para outra, sentia uma palpitação como se tivesse acabado de correr uma meia maratona.

Fora sua memória, que começou a falhar.

A gota d'água foi durante uma apresentação que ele estava fazendo para um cliente superimportante. No meio da reunião, Joe começou a ter a tal palpitação, a suar como se estivesse andando no meio do deserto (*Será o que ar-condicionado quebrou e só eu estou sentindo?*) e, de repente, não conseguia mais se lembrar nem do nome das pessoas na reunião.

Teve de pedir desculpas, dizer que já voltava, o que nunca aconteceu. Foi para casa mais cedo, com uma enxaqueca inacreditável, e ali decidiu que iria parar com as tais pílulas...

Melhor ficar somente na combinação café/antiácido.

Outra coisa que é comum durante o sono de Joe é trabalhar dormindo. Trabalhar não seria bem o termo. Agonizar ou se debater seria uma descrição mais adequada.

É frequente Joe sonhar com reuniões, com discussões com seu chefe, com situações de nervosismo e ansiedade no escritório, e acabar acordando de manhã mais cansado do que estava quando foi se deitar. Ele fala, argumenta, discute, se debate, se altera, não desliga.

Certa noite, foi acordado pela mulher no meio da noite, pois não parava de repetir as mesmas palavras (alguma coisa ligada à *performance* e plano de contingência), como se estivesse fazendo uma apresentação no escritório. Quando sua esposa, finalmente, conseguiu acordá-lo, ele olhou para ela e disse de forma muito irritada que ainda não tinha terminado de apresentar aquele tópico.

Acabou dormindo sozinho na cama, pois a mulher é que foi para a sala, irritada com a mistura de incômodo, agressividade e falta de sono que tinha sobrado para ela.

7. Zumbi *workaholic*

> Joe não sabe o que é dormir bem. A mistura explosiva de café, remédios ou álcool em excesso pode ter um efeito imediato, mas insustentável.
>
> A falta de sono vai minando a saúde de Joe e, paradoxalmente, sua produtividade no trabalho, que é justamente o que ele mais quer preservar, ou exacerbar.
>
> Você já teve períodos de sua carreira ou vida profissional como Joe? Foram ou são períodos ou esta é sua rotina constante? São picos de stress ou os picos se transformaram num platô, ou seja, no modo padrão de sua via profissional? Há quanto tempo? E por mais quanto tempo você acha que pode suportar este ritmo?
>
> Você se vê como Joe hoje em dia?
>
> Insônia noturna e sonolência diurna são sintomas que lhe são familiares?
>
> Sua caixa de remédios está mais bem cuidada do que sua antiga coleção de DVDs ou as listas de músicas daquele iPOD que, há tempos, você não consegue atualizar? Qual sua frequência de visitas à farmácia?
>
> O que você pode fazer para ajustar melhor seu relógio metabólico, para alinhar produtividade a equilíbrio?
>
> De novo, as respostas são individuais e devem ser registradas. Trata-se de um processo de honestidade consigo mesmo, com seus hábitos, suas aspirações, seus limites e as consequências dos excessos de trabalho em sua vida, se for este o caso.

8.
JETLAG

Joe, volta e meia, tem de viajar. Na grande maioria das vezes, são viagens rápidas, de no máximo uma noite fora de casa. Algumas poucas acabam envolvendo reuniões, seminários ou análise de parcerias internacionais, fora do país.

Nas primeiras oportunidades que teve de viajar para fora, ficou superempolgado. Sempre tinha sonhado com os embarques internacionais, as outras culturas, as reuniões em inglês, a escalada do sucesso de outras fronteiras. Viajar pelo mundo sem ter de pagar do próprio bolso, por isso parecia muito atraente, ainda mais podendo conhecer profissionais de alto gabarito e tendo acesso a grandes oportunidades profissionais e de *networking*...

Mas, depois da segunda ou terceira vez, viu que não tinha nada de especial. Pelo contrário. As viagens eram muito cansativas, muito mais longas, muitas vezes com grandes atrasos. Fila para *check-in*, fila para passar pelo raio X, fila para embarque. Tensão pela segurança, depois do 11 de Setembro. Passar entre oito e treze horas espremido na classe econômica, com um banco que reclina exatos 13 graus para trás. Fila no banheiro do avião, espremido como uma sardinha, tanto no banheiro como na poltrona. Ficar vendo qualquer filme sem prestar muita atenção, por conta da insônia e do desconforto. Comer aquela gororoba horrível chamada de jantar e ouvir o sujeito do lado roncar a muitos decibéis de altura. Tirar sonecas curtas e com dores no pescoço. Acordar inchado e com vontade de estar em casa. Não é exatamente o sonho de consumo de ninguém...

Em uma de suas viagens para uma cidade na América do Sul, roubaram o *laptop* de Joe, com todos os arquivos e apresentações que ele iria fazer. Deu um jeito de conseguir baixar os arquivos no *business center* no hotel, mas, por um momento, chegou a pensar em tentar ir atrás de quem tinha feito aquilo, para um ajuste de contas (até parece que ele sabia quem e onde procurar).

Em outra ocasião, na Europa, roubaram-lhe a carteira e o passaporte dentro de um metrô. Sentiu alguma coisa no bolso da jaqueta e, de um momento para outro, não tinha mais nada. A típica mão leve de um larápio, que não muda de sotaque, independente do país. Teve de conseguir uma segunda via do passaporte (temporário) no consulado e de pedir um novo cartão de crédito para poder sacar dinheiro e voltar para casa.

Mas, talvez, a vez situação mais curiosa tenha sido quando ele foi para o Japão, e, durante as apresentações, os japoneses fechavam os olhos. Joe pensava que estava indo muito mal e que todo mundo estava caindo no sono (*Será possível que meu inglês está tão ruim assim hoje? Eu devia ter pensado em um formato diferente para essa apresentação!*). Na verdade, mal sabia ele que isso era sinal de respeito, e que os executivos do outro lado do mundo fechavam os olhos em sinal de respeito, para demonstrar que não estavam prestando atenção em mais nada, a não ser na apresentação dele... Joe suou e se esmerou por mais de duas horas, terminando a apresentação totalmente esgotado. E, para completar, foi jantar com os novos parceiros e "obrigado" a provar coisas que ele nem sabia o que era (se era frango, carne vermelha – sabe-se lá de que animal – e várias outras iguarias...). Terminou a viagem alguns quilos mais magro, depois de uma tremenda intoxicação alimentar.

Ah, mas tem o lado da experiência, do crescimento profissional, dos *deals* e das oportunidades. Esse era o lado bom, o apelo fundamental para Joe. Não que ele tivesse escolha, pois era viajar... ou viajar.

Além de ficar ainda mais um bom tempo longe da família, Joe acabava trabalhando dobrado. Chegava ao quarto do hotel geralmente depois de um jantar com um cliente ou com alguém do escritório, tomava um banho rápido e ligava o computador, para colocar a vida em dia. Acabava indo dormir ainda mais tarde que o normal, depois de tentar limpar sua caixa de *e-mails*, revisar as apresentações do dia seguinte e orientar a equipe sobre os projetos em andamento.

Volta e meia acabava tendo de tomar um remédio para dormir. Em certas ocasiões, com o objetivo de conseguir pegar no sono durante o voo internacional, mas a ressaca do dia seguinte, durante as primeiras reuniões, parecia ainda pior. Era como um *jet lag* ao cubo, somado a calafrios, tonturas e promessas de não fazer mais aquilo. Outras vezes, era para conseguir pegar no sono, depois do dia inteiro de reuniões e das três ou quatro horas na frente do computador no quarto do hotel. Joe tomava o remédio para apagar, para desligar, para não pensar em mais nada.

Mas o pedágio vinha sempre no dia seguinte.

A isso tudo se somava uma alimentação completamente desregrada, sempre com algum tipo de abuso se somando à falta de exercícios. Não era à toa que Joe tinha ganhado uns dez quilos nos últimos dois anos.

Quando, finalmente, voltava para casa, o tempo para a família acabava sendo ainda menor. A pilha de coisas no escritório beirava o ridículo. Contratos para serem revisados e assinados, uma penca de gente querendo falar com ele assim que colocava os pés no escritório, as ligações a serem retornadas, os *e-mails* atrasados de vários dias, fora todas as providências referentes à viagem da qual ele acabava de chegar. Mal dava tempo de curtir sua família e os presentes que ele trazia, como que querendo compensar a ausência, passada e futura.

8. *Jetlag*

Enfim, milhas e mais milhas aéreas. Horas e mais horas de trabalho extra. Nada de tempo com a família. *Platinum* nos programas de milhagem. *Lixum* na vida pessoal.

> Joe tinha uma ideia muito mais romântica dos aeroportos e de viajar de avião quando era criança. Eram momentos de frio na barriga, de excitação e alegria, de querer todos os lanches e balas oferecidos pelas aeromoças.

Hoje em dia, Joe se sente como um caixeiro viajante, preso em diferentes aeroportos que mais lembram rodoviárias, com filas imensas, gente por todos os lados, correria para chegar no horário, *stress* para lidar com os atrasos recorrentes.

Todos nós que trabalhamos muitos estamos sujeitos à rotina de Joe nos aeroportos. Quanto disso tudo colabora para minar a saúde, para prejudicar a alimentação, para nos distanciar da família?

Você já chegou ao ponto de ser reconhecido por agentes de atendimento de *check-in* ou por aeromoças?

Você é um *gold member* do programa de milhagem das companhias aéreas? E da frequência de tempo de qualidade com os amigos e família?

Ah, mas você precisa fazer isso, afinal, é parte do seu trabalho, de sua carreira. Você precisa do dinheiro, não tem jeito...

Não tem mesmo? Não existe outra função na sua empresa? Não se pode pensar em um plano de transição? Ou mesmo de mudança de empresa? Você se acomodou no paradoxo da inércia desse modo de vida? E o que tem perdido de interação com seus filhos, sua família? Quantas apresentações da escola das crianças você não esteve nos últimos tempos? Quantos compromissos relacionados ao trabalho foram colocados à frente do campeonato de esportes das crianças, ou mesmo da apresentação do coral ou do grup de dança da escola?

O tempo escoa por nossas mãos, e o que deixamos de viver hoje, no âmbito pessoal, não pode ser recuperado. Não se pode fingir que não está acontecendo, colocar tudo embaixo do tapete. As consequências estão se acumulando. Você se dá conta disso? Para para pensar de vez em quando? Reflete sobre suas prioridades e esolhas? Planeja mudanças ou, pelo menos, aspira tais mudanças? E faz o quê para colocá-las em prática?

9.
@nãotenhotempoparaler

Joe sempre foi um leitor ávido. Desenvolveu o hábito da leitura desde muito pequeno, provavelmente seguindo o exemplo do pai e da mãe, que sempre leram muito em casa.

Desde muito jovem, Joe tomou um gosto especial por biografias e sagas. Mas, com o desenrolar de sua carreira, os temas de sua leitura foram mudando, e muito. Ele não tinha tempo ou mesmo não via utilidade em ler nada que não tivesse ligação direta com o trabalho. Tinham de ser as biografias de grandes executivos, aqueles sujeitos que construíram impérios, que se sobressaíram, que fizeram a diferença no mundo dos negócios. De Lee Iacocca a Bill Gates, de Sam Walton a Steve Jobs, de Akio Morita a Jack Welch. Já as sagas eram as de construção ou ruína de grandes empresas. Bastidores sórdidos, estratégias inovadoras, golpes de mestre do mundo corporativo. Esse tipo de história era a leitura de cabeceira, de fim de semana, de qualquer intervalo para Joe (bem, intervalos não eram propriamente uma realidade na vida dele).

Havia também os manuais para ajudar a se tornar um superexecutivo. Gerenciamento de tempo em dez passos, liderança efetiva de pessoas, importância da comunicação ativa, ABC dos planos de ação e assuntos afins. Joe tinha uma verdadeira biblioteca desse tipo de autoajuda executiva, e sempre se sentia pressionado ou para trás se algum colega estava lendo um livro que ele ainda não havia comprado.

Certa vez, leu um livro sobre como um executivo de sucesso deve começar seu dia. Passou duas semanas e meia tentando seguir passo a passo o que o livro pregava. Mas parecia realmente muito mais fácil para o autor. Não havia as interrupções em casa, nem trânsito, nem o caos quando o sujeito chegava ao escritório. O tal resumo das metas diárias foi escrito por Joe durante alguns dias, e quase não cumprido em nenhum ponto. Joe acabou frustrado e nervoso, largando de lado a tal bíblia dos procedimentos executivos. Apesar disso, sempre concordava com os colegas que diziam que aquele livro tinha mudado a forma de atuação e o *approach* deles em relação ao trabalho e à produtividade...

Tentou também a tal leitura dinâmica, procurando mastigar livros de 200 páginas em questão de horas. Até que, como parte de um programa de treinamento da empresa, teve de ler um livro (o qual leu de forma dinâmica) e depois participar de um dinâmica com uma consultoria, na frente de seu chefe, sobre os principais pontos do autor que poderiam fazer sentido para implantação na empresa. Joe se sentiu superficial, e não gostou de sua *performance*. Tampouco seu chefe...

Além desse tipo de livros, Joe lia ao menos três jornais por dia, todos os dias, incluindo sábados e domingos. Lia os jornais de conteúdo geral e os de perfil econômico ou de *business*. Nos fins de semana, ainda tentava estudar cuidadosamente os pontos de vista dos *experts* econômicos, para poder exprimir opiniões pertinentes (e parecer muito bem informado) durante as reuniões da semana seguinte. Lógico que isso demandava silêncio e tempo, o que significava mandar os filhos brincarem bem longe dele, de preferência na casa de um amigo ou parente.

Além dos jornais, Joe lia umas três revistas semanais, duas quinzenais e assinava duas mensais. Todas elas de informação e *business*. E, recentemente, tinha assinado duas revistas internacionais de tendências, uma sobre novas tecnologias e outra sobre empreendedorismo.

9. @nãotenhotempoparaler

É bem verdade que, volta e meia (quase sempre, na verdade), ele estava atrasado em suas leituras de jornais e revistas, mas não deixava de separar tudo em pilhas para "leitura e análise" posterior. Além disso, fazia coleção de uma das revistas, da qual se orgulhava de dizer que tinha desde a edição número um. A tal revista estava na edição mil e, qualquer coisa, ele tinha um quarto em casa com pilhas e pilhas dela. A coleção era uma bagunça, um amontoado de revistas (*É muito bom ter tudo isso, pois vai que eu preciso para consulta...*), e a mulher de Joe reclamava sempre da poeira, da rinite alérgica causada em uma das crianças e das aranhas que se acumulavam naquele canto da casa, além de sempre ameaçar doar aquilo tudo.

Joe também acessava todos os dias (muitas vezes durante o dia) seus portais favoritos de notícias, tanto nacionais como internacionais. Participava de discussões *on-line*, acompanhava *blogs* de negócios e tendências, assinava o RSS em todos os sites que considerava importante (quase todos) receber alertas sobre as últimas atualizações. Tudo para se manter muito bem informado (ou tentar).

Certa vez, um colega do escritório perguntou, na frente do chefe deles, se ele tinha visto a última estratégia daquela empresa inglesa para combater a investida dos concorrentes franceses. Joe não tinha lido. Sentiu-se um fracassado e passou quase a noite inteira lendo todos os portais que conhecia e assinando novos *blogs*, RSS e outras ferramentas para isso não voltar a acontecer.

E toda a parte da leitura virtual era multipicada por dez com os celulares. Joe lia *updates*, notícias e discussões diretamente do celular, sempre que podia. Não importava onde. No banheiro, no almoço (mesmo se não almoçasse sozinho), no trânsito, na fila do supermercado.

Só que ele conseguia se atualizar de fato muito menos do que gostaria. A leitura de Joe havia se tornado muito intensa, mas muito horizontal. Ou seja, superficial. Um pouco de tudo, sempre correndo, sempre às pressas. Uma passada de olhos e uma tentativa de compreender via palavras-chave, o que, invariavelmente, resultava em não entender muito e ter de voltar para o início, para tentar de novo.

O problema é que ele fixava de fato muito pouco. As notícias diárias entravam por um ouvido e saíam pelo outro, por assim dizer. A retenção era mínima. Some-se a isso uma memória prejudicada pela correria, pelo stress, pelo volume diário de trabalho, de carga, de cobrança.

Outro vício que Joe desenvolveu foram as redes sociais. Facebook, LinkedIn e afins passaram a fazer parte dos hábitos de leitura, checagem, postagem e convivência virtual de Joe. Ele era o mais espirituoso e dedicado no mundo *on-line*, quase o oposto do que transparecia no mundo real, principalmente em casa. Passou a ter mais contato com parceiros potenciais e velhos conhecidos que não via há anos (por puro interesse no desenvolvimento de sua carreira) do que com seus filhos, pelo menos em termos quantitativos de horas. E o acesso era por computador, iPad, celular e até quiosques de internet em aeroportos, quando ficava sem bateria ou sinal.

Enfim, na cabeça dele, seu hábito da leitura desenvolvido na infância se mantinha na mesma intensidade. O que mudou foi o resultado. Em vez de abrir horizontes, descobrir novos pensamentos e gerar lembranças marcantes em sua memória e opinião, a leitura atual de Joe tinha como objetivo o hoje, o todo dia. E passava tão despercebida, era tão pouco memorável, como sua própria rotina.

> O leitor Joe cedeu lugar ao informado Joe. Ou seja, sua leitura, além de superficial, se tornou dispersa e mais um motivo de pressão e *stress*. Não mais de prazer e paz individual.

Joe tenta ler a respeito de tudo, sobre diversos assuntos ao mesmo tempo. Como aquelas pessoas que conseguem (tentam) ler mais de um livro ao mesmo tempo, Joe multiplica esse comportamento por dez, lendo de tudo um pouco, de

9. @nãotenhotempoparaler

blogs a perfis de redes sociais, de livros de gurus a revistas de economia, de jornais a *updates* no celular.

Você, como leitor, se parece com Joe?

A leitura deste livro é motivada pelo lado pessoal ou profissional?

Quanto do que você lê nesse formato mais superficial se torna efetivamente gravado e lembrado depois de um ano?

Qual a última leitura significativa feita por você, que pôde ajudar de verdade no seu desenvolvimento pessoal ou profissional?

Você consegue nomear três livros recentes (e marcantes) que tenha lido nos últimos dois anos, que não tenham ligação com seu trabalho ou carreira?

Qual sua frequência de leitura de outros temas, que não o trabalho, que ajudam na mudança do canal cerebral, no descanso mental, na pausa do moto contínuo da correria do escritório?

Por fim, você já se deu conta de que pausas e mudanças de assunto são duplamente importantes, tanto por proporcionarem o descanso necessário para a cabeça como por ajudarem a incrementar a produtividade no trabalho?

10.
FERRUGEM NAS JUNTAS

Joe teve uma infância muito saudável, cheia de brincadeiras ao ar livre e exercícios. Na adolescência, praticou esportes de forma séria e comprometida. Enxergava nisso um duplo benefício: manter-se em forma e fazer algum sucesso com as meninas.

Nos primeiros anos da faculdade, quando começou a fazer estágio, o hábito dos exercícios físicos foi aos poucos sendo substituído pelo volume de trabalho, pela dedicação em construir uma carreira.

Hoje em dia, Joe diz que quase não tem tempo para se exercitar.

Ele até se mantém matriculado na academia, que paga por semestres, para garantir o compromisso, mas a verdade é que simplesmente não aparece por lá há um bom tempo.

Ele se autodesculpa – *Pelo menos não fumo, e como não sou herdeiro ou ladrão, tenho de trabalhar para subir na vida...* – e finge que não nota, mas não tem como disfarçar o aumento de sua cintura, as calças que não cabem mais, os furos de cintos que vão mudando sempre para maior.

A desculpa de sempre é a falta de tempo. Ele diz que trabalha demais, que o tempo dele se consome entre o trabalho e a família (na cabeça dele, a proporção é de 60/40, mas, na realidade, é de 95/5).

Há uns dois anos, depois se passar três dias na praia sem tirar a camisa, pois se sentia muito gordo e branquela, resolveu dar um basta

10. Ferrugem nas juntas

naquilo tudo. Mudou seu horário de malhar para antes do escritório. Durante exatos nove dias acordou 5h30 da madruga para ir para à academia antes do trabalho. No terceiro dia, quase não conseguia andar, de tão dolorido. No quinto dia, quase dormiu durante uma apresentação que estava assistindo no trabalho, e teve de pedir uma garrafa de café extra para se manter socialmente apresentável. Na segunda semana, um novo projeto entrou e ele logo abandonou a academia, prometendo para si mesmo que era só passar aquela fase para ele voltar à sua nova rotina.

O alívio foi muito maior que a culpa. Alívio de não ter que suar e sofrer na esteira, de ter mais disposição para o trabalho, de poder dormir mais, de não ter que se matar na academia todos os dias, antes mesmo de ter despertado totalmente. Ele deu um jeito de, nas duas vezes seguintes que foram convidados para a casa de praia de uns amigos, arrumar uma desculpa rapidinho para escapar, apesar dos protestos da mulher e das crianças.

Joe sabe que a falta de tempo é irmã da falta de vontade, e prima da falta de disciplina. Mas, com todo o trabalho que se acumula no escritório, ninguém é de ferro...

Se algum colega consegue manter uma rotina mais saudável, Joe faz parte dos que logo procuram achar algum jeito de pichar, de apontar o que o "esportista vaidoso" está deixando de fazer ou não conseguindo entregar no escritório (no fundo, Joe sabe que nada disso é verdade). Ele diz que prefere ser um escravo de um único dono, o trabalho, do que escravo de muitos, como o trabalho, os exercícios, a alimentação saudável, o espelho...

Outro argumento frequente de Joe é o cansaço. Ele está sempre e constantemente muito cansado. Cansaço real, esgotamento mesmo, físico e mental.

As três únicas coisas que parecem colocar Joe em estado de alerta e produtividade são, na ordem: (a) seus pares no escritório, que brigam pelas mesmas posições de promoção interna, (b) os concorrentes da empresa e suas ações de guerrilha; (c) café, muito, muito café preto.

Lógico que logo após o choque de dinamismo e vitalidade, absolutamente passageiro, de uma xícara de café vem um abismo. Em geral, um quadro quase depressivo, acompanhado de algum sintoma físico como bônus, sendo torcicolos ou dores de estômago os mais frequentes.

Certo dia, depois de um megatorcicolo e querendo combater de uma vez por todas aquele cansaço, Joe assistia na TV a cabo um programa sobre os benefícios da ioga e como praticá-la em casa. Não teve dúvidas: pegou uma toalha no banheiro, colocou no chão e pôs-se a copiar as posições que via na TV. Achou relativamente fácil e foi se empolgando. No momento em que fazia uma torção lateral de coluna para a esquerda, ouviu um "crec" e não conseguiu mais voltar, nem sentar direito, muito menos andar. Teve de se arrastar para o telefone, com dores alucinantes que deixavam sua perna formigando, para ligar para a esposa e pedir socorro. Das quinze sessões de fisioterapia que tinha de fazer, depois de ter tomado uma batelada de analgésicos e anti-inflamatórios, conseguiu fazer nove, o suficiente para melhorar bem a dor. Depois, um novo projeto entrou no escritório, e, como já se sentia melhor, ele acabou "se dando alta". Até hoje, de tempos em tempos, aquele ponto na sua coluna ameaça travar, e os torcicolos voltaram com poder revigorado desde então... Já as viagens mais longas de avião não podem ser encaradas sem uma dose cavalar de analgésico e miorrelaxante, mas isso já está devidamente incorporado nos procedimentos de preparação...

Muitas vezes (na verdade, todos os dias), Joe se sente uma mistura de homem de lata do Mágico de Oz com um carro de ferro-velho. Seu corpo dói, suas juntas rangem, sua coluna grita. Joe está perto dos 40, não é mais nenhum adolescente, mas, às vezes, se pergunta se é normal se sentir dessa forma com essa idade. Seus exames (ele diz que faz *check-up* anual, mas o último foi há três anos) até que não são ruins para seu nível de "ferrugem", como ele mesmo pensa (mas não assume). Para Joe, no entanto, é difícil de compreender como ele pode, com quase 40, se sentir vivendo em um corpo de 70.

10. Ferrugem nas juntas

Outra coisa que Joe não consegue entender é como certas pessoas conseguem pular da cama tão cedo para fazer exercícios. Percebe que elas têm um entusiasmo sobre exercitar-se que lhe parece meio forçado, teatral até. Não gosta (não admite, mas realmente não gosta) de conversar ou se relacionar com esse tipo de gente. Sente-se quase como um peixe fora d'água, que, evidentemente, não consegue dar conta de tudo (logo ele, que se esforça tanto e que sempre é visto como um dos mais dedicados e comprometidos no escritório!).

Isso o faz se sentir menor, menos capaz. Melhor, então, deixar esse assunto de lado, não pensar a respeito e ignorar esse lado da sua vida, que insiste em ser lembrado pelos rangeres e dores em seu corpo, todos os dias.

> Joe sabe dos efeitos do sedentarismo em sua saúde, mas não consegue equilibrar seu tempo profissional e pessoal para cuidar do corpo. E acha que, ao trabalhar muito, está de alguma forma cuidando de sua mente.
>
> Duplo engano, mesmo que inconsciente. Falta de atividade física significa falta de tranquilidade mental. O resultado é certo e conhecido: saúde minada.
>
> A síndrome de chegar cedo e ser o último a sair do escritório é uma grande concorrente do tempo para cuidar da forma física. Somos os donos do nosso tempo antes de entrar no escritório – depois, o dia pertence ao trabalho. Idem para depois que saímos. O desafio é conciliar a disciplina para exercícios, cedo ou depois do expediente, os horários do trabalho, que tendem a ser esticados cada vez mais, principalmente no final do dia, e o tempo para a família ou os amigos.

Quanto da rotina de Joe se parece com a sua?

Quantas desculpas como as de Joe já foram usadas por você?

Qual o grau de desequilíbrio entre a sua dedicação intelectual e a sua falta de exercício físico?

Faça o teste. Qual foi a última vez que você...

- ... usou roupa de ginástica (você tem uma?)?
- ... andou ou correu em um parque ou na praia?
- ... acordou cedo para malhar?
- ... sentiu-se em forma, bem com seu corpo e com sua forma física?
- ... sentiu os benefícios da endorfina após uma boa caminhada ou sessão de exercícios?

E você, já percebeu que a dificuldade de adaptação para começar a se exercitar se parece com aquela que surge quando o hábito de manter o corpo ativo começa a ser interrompido pelos excessos no trabalho?

Muito se fala em administração de tempo e produtividade no ambiente do trabalho, mas o que você tem feito para aplicar estes conceitos em uma rotina minimamente saudável de exercícios físicos equilibrada com suas exigências profissionais?

II.
PELO MENOS COMER BEM EU MEREÇO

Joe levanta sempre muito apressado, ou porque ficou adiando o alarme para mais nove minutos (e mais nove, e outros nove...), ou porque tem dificuldade em despertar rapidamente. Acaba se enrolando e, depois, luta contra o relógio para não chegar atrasado.

Isso acaba fazendo com que ele, regularmente, enforque o tempo do café da manhã. Ou Joe pega uma barra de cereal e come no caminho para o escritório ou vai em jejum mesmo. Quando começa a rotina na empresa, costuma tomar logo a primeira de muitas xícaras de café preto e, não raro, esquece de comer alguma coisa pela manhã. Muitas vezes, se justifica dizendo que isso é bom para perder peso...

Se há algum cliente na empresa pela manhã, acaba roubando uns pães de queijos encomendados para a reunião, e só. Nesse caso, a justificativa da perda de peso é imediatamente esquecida.

Em geral, Joe "almoça trabalho". Isso quer dizer que almoça com algum colega, no shopping perto do escritório, ou tem almoços (reuniões) com clientes. Durante essas refeições, o assunto é sempre trabalho.

Por não tomar café direito, na hora do almoço está varado de fome, e acaba se afundando em opções de pratos bem "consistentes", tais como feijoada, filé "a cavalo", estrogonofe, dobradinha e churrasco. A praça de alimentação do shopping oferece muitas opções, e ele conhece quase todas (na verdade, só não provou as mais saudáveis e chatas, tais como saladas e pratos à base de peixe e vegetais).

Se o almoço é com cliente, costumam ir a lugares mais sofisticados, e alguns dos clientes gostam de tomar uma taça de vinho para acompanhar a refeição. Joe acaba tomando mais de uma, até para não sobrar. E também (diz ele, por educação), sempre acompanha os clientes, pedindo entrada e prato principal, além de se atracar nos pãezinhos do *couvert*.

A sobremesa é sagrada. Torta de limão, brigadeiro, *petit gateau*, doces de ovos, sorvetes, enfim, o que tiver, de preferência em grandes porções. Joe sempre diz que, de amarga, basta a vida, e que é preciso adoçar o dia com bastante açúcar.

Depois, à tarde, muito café preto para se manter desperto e produtivo, pois, logo depois do almoço, o sono e a lombeira vêm com força total.

No meio da tarde, sempre alguém tem chocolate ou traz alguma coisa gostosa. Ou é aniversário de algum colega do escritório, o que significa um pedaço de bolo e doces.

A fome das 5 horas da tarde é mortal para Joe. Geralmente, aplacada com um doce ou chocolate, embora ele tenha até pedido sanduíches ou *hot dogs* nas fases de maior stress de projetos cruciais. Nesses casos, eram sempre os sandubas seguidos de chocolate e muito café.

Para Joe, é incompreensível como alguém pode matar a forme com uma barrinha de cereais, uma maçã ou algumas nozes e castanhas. Parece coisa de faquir...

Muitas noites, Joe pede pizza no escritório, enquanto janta e discute detalhes de projetos ou revisa apresentações para o dia seguinte. Uma época, ele se acostumou a pedir cerveja junto com a pizza, mas acabou cancelando esse hábito, por ficar com sono antes da hora ou por perceber que seu crivo ficava superficial demais, e isso aparecia no dia seguinte, quando seu chefe questionava porque ele não havia mudado uma parte importante do documento que tinha revisado na véspera.

Há também os jantares com clientes. Nessas noites, Joe não só exagera na comida, mas também na bebida. É o tipo de refeição (talvez a única) que consegue fazer com mais calma, sem correria. E a sequência é sempre completa: *couvert*, entrada, prato principal, sobremesa. Na parte das bebidas, coquetel de entrada, vinho, café, conhaque ou o que os outros beberem. Para encerrar a noite, um digestivo e um antiácido básicos ao se deitar...

Lógico que Joe também janta em casa. Só que, geralmente, sozinho e na frente do computador. Como ele, muitas vezes, chega tarde, as crianças já estão deitadas e sua mulher tomando banho. Ele pega alguma coisa para comer e vai para o computador ler algum relatório ou documento. Quando se senta na frente da TV, sente-se com consciência pesada das coisas acumuladas do trabalho, embora, se o jantar for acompanhado de alguma bebida alcoólica, sua disciplina acaba indo dormir rapidinho...

Ou seja, para Joe, a comida é sempre secundária ao trabalho. Joe nunca para e come. Segue trabalhando e come. E com o trânsito do jeito que está, volta e meia pega um sanduíche em uma loja de conveniência e vai comendo dentro do carro, no caminho para uma reunião ou para o escritório.

Não é à toa que Joe engordou muito nos últimos anos. Ele sabe disso, sente isso, vê isso acontecer, mas também vê que acontece com muitos outros à sua volta; então, deve ser o ônus do executivo dedicado, do cara que quer crescer profissionalmente e subir na vida.

Deve ser.

Tem que ser.

Joe representa o que muitos executivos experimentam em suas vidas. Trabalho que gera pouco tempo, que gera *stress*, que gera ansiedade, que abre o apetite. Um ciclo vicioso e muito perigoso para a saúde.

Já tive a oportunidade de ver inúmeros executivos ganharem muito peso nos primeiros meses de um novo desafio profissional. Todo início é de fato mais complicado, com o novo para ser conquistado (e digerido). Mas descontar na comida é um grande erro, tanto pela baixa na autoestima, como pelos efeitos na saúde. Fora a dificuldade de se perder o excesso depois, pois quanto mais velhos ficamos, mais difícil é perder peso.Há ainda o risco de se criar um comportamento de fuga, de desconto na mesa, em que muito da pressão e das exigências da carreira se transformam em exageros de alimentação, como que uma espécie de indulgência forçada para obter prazer na comida, na tentativa de aplacar o desafio crescente e constante do stress gerado pelo trabalho.

Todos temos momentos de exagero, de indulgência, de abuso na mesa. O caminho parece ser o de compensar o excesso no dia seguinte, com disciplina. Isso pode significar uma sessão mais puxada na academia ou uns dois dias de maior contenção nas refeições. Mas, paradoxalmente, a grande maioria dos profissionais, sempre 100% aplicados e disciplinados com o trabalho, falha de forma explícita na criação de hábitos saudáveis de alimentação.

11. Pelo menos comer bem eu mereço

Efeitos visíveis do espelho à parte, a construção de uma postura de saúde nos hábitos alimentares é fundamental para uma vida melhor, mais longa, mais saudável. E, também, mais produtiva no trabalho.

Quanto da realidade de Joe você reconhece em sua vida e em você mesmo? Ao se olhar no espelho, ao analisar seus hábitos e escolhas alimentares, o que você constata? E o que pretende fazer para mudar, se este for o caso?

12.
NÃO VEJO A HORA DE TOMAR UMA

Joe chega em casa, todos os dias, literalmente, esgotado. Com o físico muito cansado e a mente acabada.

O cérebro dele parece uma panqueca, um pastel sem recheio. Os olhos ardem de tanto ficar em frente do computador, e a cabeça parece uma panela de pressão. Não se trata de dor de cabeça (em alguns dias, este é certamente o caso, o qual Joe trata com dois comprimidos de uma só vez). É uma sensação de pressão, de quase formigamento cerebral.

Nada melhor na opinião dele, portanto, que uma dose de alguma bebida alcoólica para relaxar, para mudar a sintonia. Pode ser uma cerveja (ou várias), uma dose de uísque, uma(s) taça(s) de vinho, o que for.

Isso já faz parte da rotina de Joe. Chegar em casa (tarde), dar um oi para a mulher, dar um beijo nas crianças (que sempre estão dormindo) e se servir de uma dose de alguma bebida alcoólica.

Ele sente que esse hábito até o ajuda a se conectar melhor com a mulher, a conseguir conversar um pouco melhor com ela, contar sobre seu dia, durante dez ou quinze minutos.

Se tomar mais do que duas ou três doses, Joe sabe que não conseguirá trabalhar depois; então, ele se controla para ficar só em uma dose, ou duas, se o stress estiver muito intenso.

Nos dias em que não toma nada, tem ainda mais dificuldade para dormir, pois não consegue relaxar.

Em geral, Joe segue uma sequência crescente na semana, com pequenas doses na segunda e na terça-feira, e, a partir de quarta-feira, com doses mais generosas.

Nos almoços com os clientes, uma (ou duas) taças de vinho costumam fazer parte do cardápio. Se o grupo tiver pessoas de fora do Brasil, geralmente rodada de caipirinha é uma boa pedida, sempre com Joe como participante assíduo.

Ele tenta traçar um limite claro entre poder desfrutar de uma boa bebida na hora do almoço e ser produtivo na parte da tarde, mas já teve muita dificuldade com isso, seja pelo sono, seja por sentir que passou do ponto, pela falta de produtividade ou pelo volume excessivo de café que teve de consumir para equilibrar sua tarde.

No fim do dia, quando não tem que ficar até mais tarde, o pessoal do trabalho se reúne uma ou duas vezes por semana para um *happy hour*.

Esses são momentos especialmente gostosos para Joe, que pode tomar umas boas cervejas, caipirinhas ou qualquer outra coisa, comer uns petiscos, dar risada e ficar lembrando de situações engraçadas ou complicadas, sempre ligadas ao trabalho.

Ele se justifica, por achar que sua vida é muito séria e corrida, cheia de responsabilidades. Nada mais natural do que poder se divertir, desopilar um pouco, de vez em quando...

Certa vez, tentou levar a esposa para um desses *happy hours*, mas ela acabou pedindo para ir embora mais cedo. As histórias só eram engraçadas para quem "vivia" dentro da empresa, e sabia quem era a dona Maria, do café, ou o Jonas, da controladoria, ou a Marlene, de suprimentos. Era como se houvesse um rio de compreensão, interesse e humor para curtir as fofocas, as histórias e os assuntos do escritório, com a mulher de Joe em uma margem, e todos os demais na outra. Ele não a levou mais, mas não deixou de ir. Apesar das brigas em casa, sempre tentava ir pelo menos uma vez por semana, para relaxar, dar risada e tirar um pouco a "tampa da cabeça".

Nesses dias de *happy hour*, Joe chega em casa bem tarde, e não somente as crianças já estão dormindo, mas sua mulher também.

Acordar no dia seguinte para ir trabalhar é um senhor desafio. Por essa razão, o pessoal do escritório prefere se reunir quartas ou quintas-feiras, mais perto do fim de semana.

Joe acha que bebe pouco, e se autoelogia por não fumar. Também não curte drogas. Para ele, uma boa dose é o que basta para começar a relaxar e desanuviar a cabeça.

Mas acha que participar dos eventos do escritório é como uma parte do descritivo de sua posição, com o objetivo de se integrar e vivenciar o dia a dia (ou o noite a noite) da empresa.

Os comentários no dia seguinte são igualmente engraçados: quem passou do ponto, quem falou o que não devia, quem foi dormir a que horas, quem ficou com quem etc. Isso, para Joe, é participar de fato da vida do escritório, de uma forma mais relaxada e divertida.

Se a ressaca é muito grande, o pessoal já tem um *kit* SOS de remédios para fígado, dor de cabeça, enjoo e outros sintomas. É como uma confraria ligada ao trabalho, composta por bebidas, risadas, comidas, fofocas e remédios.

Normalmente, o pessoal que frequenta academia até dá uma passada, mas para tomar uma cerveja, comer alguma coisa e sair sempre mais cedo.

Não há uma única vez que não sejam motivo de gozação pelos enxugadores profissionais que, como Joe, não conseguem entender a razão de ainda mais disciplina para sair cedo e acordar de madrugada para a academia, fora todas as exigências diárias do escritório.

Nos fins de semana, Joe gosta de almoçar fora com a família, quando não tem que fazer serão ou participar de projetos especiais no escritório.

12. Não vejo a hora de tomar uma

Nessas ocasiões familiares, ele começa com algumas caipirinhas, passa para a cerveja e terminava na sobremesa. Depois do almoço, quando sua mulher e as crianças querem continuar o programa, indo ao cinema, ao shopping ou ao parque, Joe tem de ir para casa dormir um pouco, para curar a tontura e o sono implacável que sente.

Acorda sempre no fim da tarde, e desperta de fato já na frente do computador, checando mensagens atrasadas e organizando a semana que começará em breve...

’Joe usa o álcool de forma consistente e perigosa, tanto do ponto de vista da saúde como da criação de dependência.

Em diversos ambientes de trabalho, isso acaba sendo muito comum. O álcool se torna um instrumento de convívio profissional e até de escape da pressão. E oportunidades não faltam quando se fala em bebida e trabalho.

Nem preciso entrar na questão da etiqueta corporativa, de quem passa do ponto nos eventos relacionados ao trabalho. Mas o fato é que o álcool pode ser um hábito embaraço, e perigoso, se exagerado. O risco está em querer usá-lo como um tampão antipressão.

Há também quem participe de confrarias, eventos de degustação e outros do gênero, como *hobby*. De novo, o excesso de álcool e de comida pode ser uma bomba-relógio. De dia, trabalho intenso e pressão, à noite, bebida para desopilar a cabeça. Por quanto tempo a saúde pode suportar um ritmo como esse?

Você reconhece algum Joe no seu ambiente de trabalho? Reconhece seus hábitos nos de Joe? Que tipo de relação você tem com o álcool, como forma de minimizar a pressão do trabalho? Até que ponto você tem o controle sobre a decisão de parar completamente com o álcool e seguir normalmente sua rotina de trabalho, sem ter de buscar outro instrumento de escape? Seus hábitos com o álcool são realmente apenas sociais ou já passam para o lado da muleta, da necessidade, do planejamento de eventos sociais que permitam o consumo do álcool para fugir um pouco da realidade? Que relação isso tudo pode ter com a sua forma de lidar com o *stress* proveniente do trabalho?

13.
ZEN? O QUE É ISSO?

Joe trabalha muito durante a semana. Muito mesmo.

E sempre sonha com o fim de semana, vive a eterna expectativa do próximo, para poder dormir mais, descansar, ficar mais tempo com a família, quem sabe fazer um pouco de exercícios.

Às sextas-feiras à noite, quando não tem de ficar até mais tarde no escritório, geralmente ele tem duas opções de programa: ficar em casa, pois, depois de uma taça de vinho, o que ele mais quer é um banho e cama, tal sua exaustão, ou sair com a esposa ou com mais casais de amigos, quando, então, o ritmo é outro e o esforço é certo.

Esforço, porque a mulher de Joe adora cinema. Então, em algumas sextas-feiras, ele chega em casa em cima da hora, toma banho correndo e sai em disparada para dar tempo de pegarem a sessão para a qual ela já comprou os ingressos pela internet. Durante o filme, a batalha é ficar acordado, pois a canseira da semana se abate sobre ele como uma jaula. Após o cinema, vão jantar, com Joe já morrendo de sono. Em geral, ele se torna uma companhia meio fajuta, apesar de se esforçar para conversar e ser divertido. Há ainda a dificuldade de assuntos em comum, fora as crianças, quando estão somente os dois.

Se o programa é com amigos, a coisa se torna um sacrifício, pois Joe sabe que vão entrar noite adentro, com, pelo menos, duas garrafas de vinho, histórias, discussões e risadas, muitas vezes que parecem sem fim.

Joe até que vai bem no início do jantar, mas quando chega a hora da sobremesa, ele volta e meia tem de ir ao banheiro para jogar um pouco de água no rosto, tal o sono que sente. Várias vezes pegou no sono sentado no vaso com a tampa fechada, quase como uma meditação. O resultado, porém, é sempre pior, pois sente que a necessidade de fechar os olhos quando volta para a mesa se sobrepõe a todas as suas forças e educação.

Joe cutuca a mulher embaixo da mesa, faz sinais e acaba tendo que pedir para ir embora, coisa que os amigos já estão acostumados...

Aos sábados pela manhã, Joe quase sempre tem uma reunião de direcionamento de projeto. Se não tem, acaba indo com a mulher ao supermercado e, enquanto ela faz as compras, ele empurra o carrinho e fica checando suas mensagens no *smartphone*. A esposa dele nem reclama mais...

Após o almoço, em geral com a família de sua mulher, Joe dorme um bom pedaço da tarde, acorda e vai para o computador. Quando os filhos chegam, ele já está entretido analisando um relatório qualquer e sempre diz que vai brincar com eles depois, o que nunca acontece.

À noite, mais algum programa com a mulher ou com amigos, com Joe já se sentindo angustiado. Só que a angústia, nesse caso, não é de sono, mas de uma sensação de vazio, de ansiedade, que começou à tarde, depois que ele acordou. Por incrível que pareça, Joe está sentindo falta da pressão e da correria da semana...

No domingo de manhã, ele toma café já debruçado nas edições de domingo de dois grandes jornais que assina. Essa leitura acaba tomando uma boa parte da manhã, com ele dizendo, novamente, que já vai terminar para poder brincar com as crianças. Joe lê artigos, pontos de vista, recorta trechos para usar durante a semana, acessa a internet para copiar uma parte que lhe interessa da versão *on-line* do jornal e encaminhar para seu *e-mail*, ou de outros colegas no escritório.

Houve uma época em que ele ligava para a casa de membros da sua equipe no domingo de manhã para discutir, cobrar ou falar a respeito de temas que havia lido no jornal. Com o tempo, viu que não era uma medida muito popular, que as pessoas ficavam, no mínimo, ressabiadas ao ter seu fim de semana invadido por assuntos de trabalho, e acabou aprendendo a se controlar. Controle é o termo correto, pois, até hoje, vontade não lhe falta. Então, ele apela para o *e-mail*.

No fim da manhã, Joe se senta para brincar (ou tentar brincar) com as crianças. Enrola por alguns minutos, não consegue se dedicar de fato, fica entediado e acaba inventando uma desculpa para fazer outra coisa. No fundo, sente peso na consciência, pois é cada vez menos frequente que as crianças peçam para brincar com ele.

Depois do almoço e de uma nova *siesta*, retorna para o computador. Certa vez, lhe perguntaram se ele tinha um *hobby*. Como é que ele poderia ter um *hobby* além do trabalho? Que tempo ele tinha para isso? Para Joe, seu trabalho, *in loco* ou remoto, era o seu *hobby*. Nada mais natural, portanto, do que acessar *e-mails*, fazer um *follow* da semana, colocar algumas coisas em dia, revisar sua agenda da semana.

No domingo à noite, a angústia que sentiu durante o fim de semana todo está no pico. Sua esposa sempre diz para ele respirar, se acalmar, ver um filme ou qualquer outra coisa. Ela acha que ele estava agoniado por ter de voltar a trabalhar cedo no dia seguinte. Joe, no entanto, sabe que não é nada disso. Sua angústia é de expectativa, de querer que a segunda-feira chegue de uma vez.

Isso faz com que ele tenha muita dificuldade de dormir no domingo à noite. Se assiste à TV ou lê uma revista semanal, então, a insônia é certeira. Acaba tomando um remédio para relaxar e dormir, apesar da sonolência e moleza do dia seguinte, que são combatidas com doses extras de café, muito café.

Para Joe, a semana é a vibração, a levada que ele gosta e precisa. Os fins de semana são boas oportunidades para colocar o sono em dia, não muito mais do que isso...

> *Workaholic* é a autêntica definição de Joe. Um cara que só consegue se sentir vivo e produtivo quando está trabalhando. O tempo livre, com a família ou amigos, acaba sendo um pouco entediante.
>
> Há um lado de costume com a alta rotação, que se transforma em vício. E qualquer velocidade menor significa tédio. Ou angústia. Já o outro lado é a ausência de outras dimensões relevantes em sua vida pessoal. Só existe o trabalho, a carreira, tudo gira em torno do profissional.
>
> Isso pode gerar distância da família, dificuldade de socialização e até depressão. Pode fazer com que todos os assuntos sejam ligados ao trabalho, mesmo quando se está com os amigos nos momentos de lazer. É como um dermatologista que só fala sobre medicina, ou um advogado que só sabe contar sobre os casos ou processos de sua prática diária. Todo o resto é irrelevante, chato até. Ou, pior ainda, motivo de silêncio, de falta de diálogo pelo desinteresse em outros assuntos.
>
> O ciclo de Joe é muito nocivo, pois quando ele está trabalhando muito, gostaria de ter momentos de lazer e relaxamento. Quando os tem, sente falta da adrenalina e do *stress*. Parece coisa de masoquista.
>
> Você reconhece um pouco de Joe em si mesmo, em sua rotina? Sonha com o descanso do fim de semana e com o trabalho nos momentos de descanso, nunca conseguindo criar uma presença real e satisfatória em nenhum dos momentos? Para você, viver o hoje é muito mais difícil do que reviver as angústias do passado e as expectativas do futuro?

14.
PRIMEIRO O TRABALHO, SEGUNDO O TRABALHO, DEPOIS... O RESTO

Joe sempre teve muitos amigos, conheceu muita gente, desde a época de escola, passando pelos amigos do clube, depois os da faculdade. Turmas diferentes, muita diversão, muita alegria, telefone que não parava de tocar.

Quando o foco nos estágios começou a ficar mais sério, quando os processos de seleção para *trainee* apareceram, ele começou a fazer escolhas. Já não saía tanto, não ia a todas as festas. Antes de se casar, até que conseguia levar bem: trabalho, balada, amigos, festas. Mas sem nunca descuidar do seu principal objetivo: a ascensão profissional.

Quando começou a namorar sua futura esposa, aí o tempo para os amigos diminuiu muito. Já a reclamação deles, não. Por um tempo, pelo menos. Depois, começaram a se acostumar, afinal de contas, muitos deles também estavam encaminhando suas carreiras, suas vidas. E todo mundo sabia que a carreira era a grande prioridade de Joe.

Mas a divisão do tempo entre o trabalho e a mulher (ou melhor, tentativa de divisão) resultou em uma opção clara: o afastamento dos amigos. Começou a sair menos para beber alguma coisa com eles (não que saísse muito com sua mulher, pois sempre colocava os *happy hours* e jantares com clientes em primeiro plano).

Joe não se lembra ao certo quando passou a deixar os *e-mails* dos amigos como "não lidos". Sempre que dava, passava para frente as piadas, as mensagens proibidas para menores. Mas a roda-viva do escritório começou a ficar mais e mais corrida, e com o tempo mais curto, as piadas e brincadeiras dos amigos ficaram em segundo plano.

Por algum tempo, ficava sentido quando sabia que a turma tinha se reunido para jantar na casa de alguém, mas logo isso também passou; afinal, ele tinha muito para fazer, muito para estudar, muito para entregar, muito para poder subir na carreira.

Tentando reverter sua ausência com os amigos, combinou em um determinado ano uma viagem com as famílias para a praia, para passarem juntos o *réveillon*. Chegaram no dia 29, depois de uma viagem longa, por conta do trânsito e do volume de gente que estava fazendo a mesma coisa. No dia seguinte, logo cedo, foram para a praia. Depois de uns quinze minutos com todo mundo, seu celular tocou. Era seu chefe, perguntando se ele já havia viajado, pois percebera uma falha importante em um relatório que seria apresentado ao Conselho na primeira semana do ano... Será que ele poderia dar uma passada no escritório, já que ainda não tinha saído da cidade? Quatro horas depois, Joe estava chegando ao escritório, de onde saiu cerca de dez horas mais tarde. Viajou quase a noite inteira, com um trânsito muito, muito pior que da primeira vez, para poder chegar no dia 31, dormir um pouco e estar a postos para a passagem da meia-noite com todo mundo, que já estava embalado e integrado. Joe brindou com a família e os amigos, e logo passou do ponto no champanhe, indo para a cama, bêbado e exausto, à uma da manhã. No dia seguinte, logo depois do café, pegaram a estrada, pois ele não podia correr o risco do trânsito e de não estar no escritório no primeiro dia útil do ano, logo cedo...

14. Primeiro o trabalho, segundo o trabalho, depois... o resto

Sua mãe era outra que também não figurava na lista das mais populares na atenção de Joe. Volta e meia, era a mulher de Joe que tinha de atender, acudir e marcar para a sogra jantar na casa deles. Caso contrário, o marido ligava uma única vez nos fins de semana. Quando sua mãe ia jantar em casa, não era incomum ele sair de fininho para o computador, deixando a esposa fazendo sala para a mãe (a dele, pois quando era a dela que ia, ele dificilmente saía do escritório antes das 23 horas). Invariavelmente, sua saída à francesa tinha dois efeitos: trabalho durante e depois. Durante, porque ele conseguia trabalhar enquanto sua mãe estava lá, falando sem parar e ocupando a atenção de sua esposa. E trabalho depois, porque, logo que a mãe ia embora, a esposa ia dormir emburrada, por ter sido deixada sozinha cuidando da sogra. Nas primeiras vezes, Joe se sentiu mal. Depois, começou a provocar de forma voluntária. Pois, dessa forma, sua mulher ia dormir emburrada e rápido, e ele ficava com muito mais tempo para poder trabalhar e tentar colocar a vida em dia ou ler aquele último estudo que tinham enviado para análise.

Uma vez, Joe, a esposa, a mãe dele e os filhos foram para a Disney, durante as férias. Mas uma concorrência enorme para a conquista de um novo cliente estava acontecendo no escritório, exatamente durante aquele período. Em dois dos seis dias que ficaram lá, Joe teve de ficar no *business center* do hotel, enquanto sua família se divertia sem ele. Como era julho, fazia um calor infernal lá fora, e o ar-condicionado estava a todo vapor dentro da tal sala do *business center*. No terceiro dia, quando ele começou a acompanhar a família nos parques, a gripe causada pelo ar-condicionado apareceu.

Resultado? Passou todos os dias restantes da viagem tomando remédio para melhorar a coriza, o mal-estar e a dor no corpo. Todas as brincadeiras e diversão com os filhos acabaram não acontecendo. E, para completar, perderam a tal concorrência no escritório...

Volta e meia os filhos de Joe levavam amigos para dormir na casa deles, mas estes nunca viam Joe. Ou ele estava no escritório, ou chegava tarde em casa. E se chegava mais cedo, só dava um oi rápido (já agradecendo mentalmente a presença dos amigos, para poder ir para a frente do computador depois do jantar). Nas festas dos amigos da escola, a mulher de Joe sempre levava as crianças. Nos eventos da escola, nos poucos que Joe conseguiu se programar para participar, ele não conhecia nenhum pai dos amigos dos filhos, e acabava ficando em um canto, checando suas mensagens no *smartphone*, esperando a hora de ir embora com a família, para casa (e para o seu computador).

> Joe pode até estar presente de corpo em alguns momentos com a família e os amigos, mas sua cabeça está sempre em outro lugar, sempre relacionado ao trabalho.

Ele não consegue se conectar com as pessoas que mais gosta por estar viciado em sua rotina profissional e por viver um ritmo mental que está sempre à margem dos momentos de lazer e diversão.

Você já se sentiu como Joe? Já teve dificuldade de prestar atenção nas conversas com sua família em casa, depois de um longo dia no escritório, com problemas, expectativas e coisas para fazer que ficaram para o dia seguinte? E sua família, já o viu ou percebeu dessa maneira? Quando está fisicamente com quem gosta, você está ali de corpo e alma? Quanto de sua vida pessoal você consegue desenvolver, de fato, quando não está trabalhando? O *smartphone* no bolso o tempo todo faz com que você fique checando mensagens durante o fim de semana? As conversas triviais no almoço de domingo parecem pouco interessantes quando comparadas com as análises de aquisição ou expansão de mercados da sua empresa? A

14. Primeiro o trabalho, segundo o trabalho, depois... o resto

expectativa de viagens em férias com a família se transforma em pesadelo na saída e na volta ao escritório? Existe um Joe Labor em desenvolvimento ou já em funcionamento dentro de você?

PARTE 2

REFLEXÕES SOBRE JOE LABOR E O MUNDO CORPORATIVO

Joe tem três destinos muito prováveis, se continuar nesse direcionamento e ritmo. O primeiro é uma promoção, por conta de seu esforço e dedicação ao trabalho. O segundo, a separação e o fim de seu casamento. O terceiro, um infarto ou problema de saúde sério. Só não sabemos o que acontecerá primeiro.

Claramente, Joe está muito mais casado com o trabalho do que com sua mulher e sua família. Pode ser uma opção consciente ou um modo de vida, um modo operante e contínuo que deve gerar uma ruptura pessoal, mais cedo ou mais tarde.

A diferença é cristalina: Joe emprega toda sua energia em sua carreira, em fazer a diferença, em entregar resultados e ser notado por isso. Já seu casamento e relacionamento com a família seguem em ponto morto, em inércia. É como se Joe se concentrasse apenas naquilo que tem que ser conquistado.

O mesmo raciocínio vale para sua vida individual, saúde, identidade pessoal. Joe deixa tudo isso de lado em nome da empresa e de sua sobrecarga profissional. Parte é exigência natural de sua posição, de suas responsabilidades, mas boa parcela é consequência de como ele encara a vida e age a partir disso.

Além das grandes chances de um infarto ou doença mais séria, Joe tem de computar o custo de oportunidade de tudo o que está deixando de fazer por si mesmo, para o seu desenvolvimento pessoal.

E o mais interessante é que, caso Joe resolvesse buscar seus objetivos pessoais com o mesmo afinco que faz com os profissionais, isso só o tornaria um executivo ainda melhor, mais equilibrado, mais completo, por mais paradoxal que possa parecer.

No final das contas, trata-se de fazer opções. Opções por uma vida mais balanceada, pela busca de equilíbrio entre os lados profissional e pessoal, pelo limite de até onde queremos ser reconhecidos ou confundidos com nossa identidade profissional, e como queremos mesclar nossa pessoa física e jurídica.

Joe é certamente uma caricatura, um personagem com características exageradas de *workaholic*, de alguém viciado em trabalho. Mas, até onde existe um pouco (ou muito) de Joe dentro de cada um de nós, em nossa carreira, em nossas escolhas e rotinas profissionais, em nossas opções de vida?

O mundo dos negócios, o mercado de trabalho, as pressões e exigências ligadas ao trabalho não vão mudar. Pelo contrário. O volume de trabalho vai ser cada vez maior, com competitividade crescente. Quem tem de mudar somos nós.

Repito: a decisão de mudar, de fazer alguma coisa a respeito do excesso de trabalho, da redução de stress, do equilíbrio pessoal, é de cada um de nós, o que significa refletir, optar e agir. O que requer autoanálise, consciência, disciplina e fidelidade com nossas decisões pessoais, para arcar com eventuais consequências que surjam no caminho.

Se você comprou este livro e chegou até aqui, acho que, de alguma forma, nos conectamos, enxergamos pontos em comum. A seguir, então, farei algumas reflexões sobre Joe, sobre eu e você, e sobre como tentar buscar mais equilíbrio entre a carreira profissional e a vida pessoal.

Importante ressaltar que todas estas reflexões são resultado de minha experiência até aqui, a partir de uma postura muito presente de observação e análise. Ou seja, são lições que tirei ou aprendi ao longo da minha carreira até agora, e que acho que valem muito. Afinal, aprendi muito com todas elas.

Mas, reitero, o crivo e as decisões são totalmente individuais. Então, abra a cabeça, o coração e veja o que lhe pode ser útil nas próximas páginas. Mas não fique só na percepção inicial. Escreva, registre, conheça-se melhor e procure mudar o que acha que deve ser mudado. Os pontos a seguir são ótimas alavancas para esse processo.

Impermanência

A impermanência é um sólido princípio da filosofia budista, que chama atenção para o fato de que nada nem ninguém é eterno, que tudo muda o tempo todo, e que nada é hoje como foi ontem. É a metáfora dos grãos de areia escorrendo pelos dedos de uma mão em concha. Podemos encontrá-la nas estações do ano, nas marés, nas fases da Lua. Podemos vê-la também nas histórias que ouvimos de nossos antepassados, nas lembranças de nossa infância, no que fomos e que já não somos, em como estamos hoje e que, certamente, amanhã não estaremos mais. Podemos percebê-la na sensação de ver a vida passando depressa, no susto ao ver como as crianças cresceram, ou ao encontrar um amigo ou conhecido que não víamos há algum tempo e ficarmos surpresos com sua aparência mais velha (sempre penso no efeito inverso, ou seja, em como terá sido o impacto causado no meu amigo ao me encontrar). Ou seja, a impermanência faz parte da existência, da natureza, da nossa própria vida, de todos nós e do que nos cerca.

Podemos, ainda, somar a esse princípio a sensação nítida de que a vida passa cada vez mais rápido, à medida que nos tornamos adultos. Não quero entrar no mérito das razões, mas a sensação é conhecida e compartilhada por muita, muita gente.

Trazer, então, o conceito da impermanência somado ao da velocidade é motivo para uma bela reflexão. Para onde estamos levando nossa vida? O que estamos fazendo ou deixando de fazer? Qual o rumo desenhado para o nosso futuro? Para onde estamos remando? Sabemos que somos finitos, mas temos consciência ativa, presente, de que tudo está mudando o tempo todo?

Fica fácil de entender aonde quero chegar quando transpomos este raciocínio de consequência para nossas carreiras, nosso lado profissional. Que opções estamos fazendo e para onde elas nos levarão? Quero comprar uma casa nova, um carro, fazer uma viagem? Quero proporcionar mais conforto para minha família? Quero chegar aos 60 anos com uma bela reserva para, então, poder curtir a vida? Quero estar na capa de uma revista de negócios e ser reconhecido como um executivo brilhante? Ou quero tornar o mundo um lugar melhor?

A impermanência pode nos levar a atitudes diferentes: posso pensar que, como tudo é impermanente, não preciso ou não devo me dedicar tanto, pois tudo é passageiro, ou posso pensar que, justamente por tudo passar, preciso me dedicar muito para que o legado, o resultado do meu esforço, prevaleça e faça a diferença.

Independente de óticas pessoais, uma coisa é certa: a impermanência está aí, e as chances de os grandes problemas que nos afligem hoje no escritório ou na vida pessoal serem reduzidos a pó no futuro são quase de 100%.

Basta fazer um rápido exercício: tente se lembrar de um megaproblema que você teve no passado relacionado ao trabalho, de como aquilo o consumiu e o afetou, e o que isso representa hoje para você. Valeu à pena se deixar afetar tanto, se consumir por aquilo? O que de diferente poderia ter feito se tivesse a consciência de que as coisas passam, de que dali a algum tempo o temporal teria aliviado?

Este mesmo raciocínio vale para hoje e para todos os dias. Você não é um ativo imobilizado da empresa em que trabalha. Você está nessa empresa, mas não é essa empresa. Isso não significa que não deva se dedicar, ser comprometido. Seus pares estão aí, dando duro, querendo a mesma promoção e reconhecimento. Mas a perspectiva muda, e muito, quando você entende que as conquistas, as derrotas, os problemas, tudo isso é passageiro. Idem para o momento atual de sua posição profissional, sua carreira como um todo, além de você mesmo. Nessa ótica, o que vale a pena de fato para lhe fazer perder o sono? O que você pode mudar?

E mais: se a impermanência permeia tudo, todo o esforço e tempo que você emprega em seu trabalho se justifica do ponto de vista pessoal? Ou seja, o tempo que não está com sua família, ou fazendo as coisas de que gosta, é utilizado realmente da melhor forma quando está se dedicando de modo integral ao trabalho?

Seu trabalho é fonte de prazer ou é um vício? É um trampolim de qualidade de vida financeira ou uma fuga? É uma desculpa para não estar em casa ou um ideal pessoal para fazer a diferença na sociedade?

Logicamente, a questão financeira é fundamental, juntamente com o aprendizado e os novos desafios. Costumo dizer que esse é o tripé motivador para qualquer profissional. Mas tudo isso tem de se somar a um propósito pessoal.

E quando os exageros começam a se tornar rotina, existe alguma outra causa não aparente? Trata-se da cultura da empresa em que você trabalha ou é um estilo pessoal que você adotou para colocar o ritmo da empresa duas oitavas acima? E com que objetivo ou a partir de qual razão o fez?

As respostas são, evidentemente, individuais, mas merecem uma boa reflexão. Pelo seu bem e pelo bem do seu espírito, da sua família e até mesmo da sua carreira.

Reflexão

A impermanência é um bom trampolim, um ponto de partida interessante para uma reflexão profunda sobre nossas escolhas, sobre nossa trajetória profissional, sobre a direção futura que queremos traçar para nossas carreiras e para nós mesmos.

Isso se funde diretamente com a personalidade de cada um, com o conhecimento de hábitos e atitudes pessoais, com a autoimagem (ou a chamada propriocepção, que é o autoconhecimento do próprio corpo e de si mesmo), com o tempo dedicado para si, para a família, para a vida além e fora do trabalho. Até porque o que fazemos ou deixamos de fazer (mas gostaríamos de ter feito) tem impacto direto em nossa *performance* e produtividade profissional.

É fundamental refletir sobre o que somos hoje, sobre por que nos tornamos assim, sobre o que fizemos certo ou errado, sobre por que julgamos o certo como certo e o errado como errado, tanto do ponto de vista pessoal quanto do profissional.

Vejo tantos profissionais colocando esforço e metodologia em análises de mercado, desenho de cenários e tantos projetos. Se, ao menos, um décimo desse empenho for direcionado com a mesma disciplina para uma boa reflexão pessoal e profissional, com certeza os resultados aparecerão.

Acredito até que muito do sucesso do *coaching* se deve ao fato de os profissionais precisarem de um facilitador, de um orientador externo para guiar o processo de reflexão, de autoconhecimento e de escolhas para direcionamento da carreira (e da vida).

Pode ser um método simples, de pontos positivos e negativos, de prós e contras escritos em um pedaço de papel. Isso vale para o emprego que temos atualmente, para o estilo de vida que levamos, ou mesmo para a análise de uma eventual mudança de planos.

Com a correria e o stress, acabamos excessivamente focados no exterior, na rotina, nos assuntos do cotidiano, e muito pouco em nós mesmos, no que nos move, nos aflige e nos motiva de fato. Acredito que a reflexão deve ser um exercício, uma prática constante na vida pessoal, assim como fazemos com os assuntos da vida profissional.

Incorporar a reflexão pessoal como hábito é pôr em prática o princípio da impermanência, pois o que sentimos e concluímos ontem não é necessariamente o resultado de hoje ou o de amanhã.

Se nossa carreira é medida em projetos e conquistas, nossa rotina em semanas ou meses, por que não criar um método com frequência estabelecida, por exemplo, uma vez por mês, para nos ajudar a retomar uma conexão individual, conferir eventuais mudanças ou desvios de percurso ou novas perspectivas a partir das mudanças constantes pelas quais passamos?

É como uma prática de busca de consciência ou meditação ativa, na qual estamos somando alertas: o que nos faz feliz, o que nos agride, o que nos motiva, o que nos afeta.

Para tanto, um certo ritual, um conjunto de procedimentos é fundamental. A primeira coisa a fazer é construir um histórico de suas reflexões, de preferência em seu computador pessoal ou em um velho e bom caderno de anotações. Isso ajuda a relembrar caminhos de pensamentos já trilhados, reflexões percorridas, como base para decisões sobre o novo, sobre o futuro, sobre o que queremos e o que não queremos. Quero voltar a correr? Aprender a tocar violão? Fazer uma pós, para alcançar um novo patamar de carreira? Mudar de emprego? Jogar tudo para o alto? Por quê? Com qual objetivo? E que tipo de sinergia isso tem com a minha visão de longo prazo, seja em termos de carreira, seja de vida pessoal?

A reflexão ordenada e organizada é passo fundamental para a ação. E a escrita para si mesmo é parecida com um processo de terapia ou autoanálise, em que nos vemos obrigados a organizar pensamentos e sentimentos de forma escrita, concisa, para depois relê-los e crivá-los, a fim de ver se, de fato, refletem o que sentimos ou o que queremos dizer.

A partir disso, podemos pensar em eventuais planos de ação, para melhorias (por exemplo, uma conversa franca com seu chefe), mudanças (como a busca de novas oportunidades dentro ou fora da empresa) ou redirecionamentos (trabalho com marketing, mas acredito que posso ser mais feliz com vendas).

O ponto-chave é aprofundar a reflexão e registrar seus achados ou conclusões pessoais. Isso ajuda muito a entender o que pode estar causando stress de forma invisível, e minando o seu dia a dia.

Vejo isso como uma tentativa de equilíbrio entre a inteligência intelectual e a emocional. Ou seja, a mesma intenção e profundidade com que persigo meus objetivos de criatividade e produtividade no trabalho devem estar presentes na minha vida pessoal, nas minhas escolhas.

O que não dá é para ser um executivo de carreira invejada, com grande sucesso, mas sem consciência pessoal, sem autoconhecimento, sem conforto interno, sem apreciação pesoal. E também não vale usar o hábito de fazer uma análise de fim de ano, do tipo "lista de resoluções", que nem sequer são lembradas depois do dia 5 de janeiro.

A vida passa rápido, as semanas giram em uma velocidade assustadora, e quando vemos já vêm as festas de fim de ano de novo. Temos de agir agora, com a mesma determinação que encaramos os *deadlines* e entregáveis do escritório.

Comece agora mesmo. Tudo de que você precisa é um pedaço de papel, uma caneta, muita disposição e alguma disciplina.

Autoconhecimento

Quase todo executivo tem que desenvolver uma capacidade analítica muito apurada. Oportunidades de negócios, vendas para novos clientes, lançamento de novos produtos, políticas de qualidade, estudos de viabilidade econômica, retorno sobre investimento, entre tantas outras frentes de trabalho que requerem o desenvolvimento de competências analíticas.

Mas, quantas vezes, de fato, já viramos os canhões de análise para nós mesmos?

Estou falando de uma autoanálise ativa, que passa por uma avaliação de meu perfil profissional e de como isso pode ser adequado ao meu perfil pessoal.

Posso começar com as coisas mais básicas, como o que gosto e o que não gosto em termos profissionais. O que gosto de fazer na minha função atual, o que gostaria de fazer de diferente, além do que definitivamente não gosto.

O passo seguinte é tentar analisar se sou de fato bom naquilo que gosto de fazer, idem para o que não gosto. Se não sou tão bom no que gosto, o que posso fazer para me aprimorar? Sobre o que não gosto, por qual razão? Não combina com o meu perfil (por exemplo, finanças para um profissional criativo) ou me falta conhecimento a respeito? Muitas vezes, temos razões intrínsecas, não devidamente analisadas, que podem esconder belas surpresas. Conheço uma ex-administradora de empresas que trabalhava em banco e que hoje é uma excelente *chef* de cozinha, depois de encarar o desconhecido para encontrar sua vocação, só para citar um de inúmeros exemplos que todos temos em nosso convívio direto.

Em seguida, vale ir adiante e tentar fazer um exercício de como outras pessoas, por exemplo, meus colegas e chefes, me veem. Eles teriam a mesma opinião? Estamos de acordo no que acho que sou bom e naquilo que ainda preciso melhorar?

Isso tudo pode parecer banal, mas vejo que as pessoas quase não param para pensar e fazer esse tipo de autoanálise ou busca de conhecimento pessoal em relação a seu trabalho e carreira. Novamente, o sucesso do *coaching*: as pessoas não conseguem aprofundar o autoconhecimento, que é a base do direcionamento, do planejamento de uma carreira de sucesso.

Se voltarmos ao ponto da impermanência e da velocidade dos acontecimentos na vida profissional e pessoal, esse processo de autoanálise se torna ainda mais importante. O perigo da chamada zona de conforto ou moto contínuo é muito grande. Podemos ter um sentimento de tranquilidade pelo domínio com que fazemos as coisas ligadas ao trabalho, depois de um bom tempo fazendo a mesma coisa. Mas essa suposta dormência ou estabilidade pode encobrir sentimentos negativos, ligados à insatisfação, à falta de coragem para mudar ou ao stress.

Outro ponto que percebo é o excesso de tempo passado no escritório. Passo muito tempo lá porque realmente tenho muita coisa para fazer ou porque me sinto constrangido de sair antes dos demais? E se saio antes, significa que trabalho menos ou que sou mais produtivo? Ou ainda que priorizo meu tempo pessoal ou as horas do dia que quero ficar com minha família? Independente das respostas e do tipo de cultura da sua empresa, o que importa é o grau de sinceridade com você mesmo e como isso está alinhado ao seu planejamento de carreira e suas prioridades pessoais.

Conheço pessoas claramente motivadas pela entrega do melhor resultado profissional. Nesses casos, o pouco tempo com a família importa muito menos que a satisfação de dar tudo de si no trabalho ou de ser reconhecido como alguém que é muito competente e exigente, e que dá o sangue pela empresa. Joe Labor é um exemplo desse perfil. E há muitos outros Joes por aí.

Há outros que têm uma motivação diferente: a direção do equilíbrio como lema, ou seja, querem entregar, fazer seu trabalho, mas miram o equilíbrio entre o trabalho e a família. São motivações diferentes, que devem ser respeitadas, mas que devem partir de uma verdade individual, ou seja, do que cada profissional sente como mais importante para si.

Todos temos fases de excesso de trabalho, de stress aumentado. Porém, o modo como administramos esses períodos é o que nos diferencia de outros. Criamos um vício nesse excesso de velocidade? Descontamos na comida, na bebida ou na família? Nos primeiros sinais de aumento de volume de trabalho, a primeira coisa que fazemos é parar com a academia ou os exercícios, ou aumentamos na mesma proporção, a fim de tentar manter o equilíbrio?

Essas questões e exemplos servem para demonstrar a importância do autoconhecimento, de como somos e como reagimos sob maior ou menor pressão, do que queremos para nossa carreira e como pretendemos administrar as variações de temperatura e pressão em relação à nossa vida pessoal. Afinal, uma coisa é certa: saúde e futuro são consequências das escolhas atuais.

Consciência

A palavra consciência, usada neste contexto, diz respeito a estar alertas (conscientes) do que somos e para onde estamos indo, em termos profissionais e pessoais. Quando me dou conta do que gosto, do que quero, do que não quero, do que me incomoda e do que me causa stress, estou consciente ou ativamente conectado aos meus princípios.

Só posso estar consciente, nesse sentido, se me autoconhecer. Para isso, é muito importante parar, fazer pausas, fazer um autoquestionamento sobre até que ponto as coisas andam em ponto morto ou sobre qual a motivação que está por trás do meu empenho no trabalho. É busca de poder, perspectiva de promoção, escape ou ambição? Quais as principais razões para a dedicação ao trabalho? E o balanço, é positivo ou negativo? Vale a pena? Gera e traz mais felicidade do que desgaste?

Outro ponto diz respeito à consciência de que a posição que você ocupa hoje é passageira. Você não é um gerente, um coordenador, analista ou um diretor da empresa, você *está* gerente, diretor etc. E os benefícios ou mimos que usufrui pertencem ao cargo, não a você como pessoa. Ou seja, vai tê-los enquanto estiver nessa posição. Tratamento especial, atenção diferenciada, respeito e tantas outras coisas, muitas vezes podem estar ligados somente ao seu cargo, não a você.

Ter, portanto, consciência dessa diferença entre seu cargo e você, entre sua cadeira e sua individualidade, é fundamental para o seu equilíbrio, o seu autorreconhecimento e a sua humildade.

Aliás, a humildade tem muito a ver com a consciência de tratamento com os outros. Como trato meus colegas, meus subordinados e meus superiores? Trato minha assistente da mesma forma que trato meu chefe? Tenho o mesmo respeito pelos estagiários e pelos diretores? Tenho consciência de que se tratam de pessoas momentaneamente rotuladas com cargos?

E a forma como trato as pessoas é parte da cultura da empresa em que trabalho, ou seja, trato mal as pessoas porque é assim que se faz em meu local de trabalho? Entro na onda e sigo o ritmo ou sigo meu instinto e respeito minha forma de ser?

Por fim, é importante refletir sobre a postura dos líderes da empresa em que trabalhamos e sobre quanto concordamos e compartilhamos de sua forma de ver as coisas, de tratar as pessoas e de conduzir os projetos. E mais: quanto agimos da mesma forma para ter melhor encaixe, quanto fazemos para melhorar ou piorar o ambiente, o moral, a motivação e a disposição das pessoas.

Isso tudo faz parte do desenvolvimento da consciência profissional, de uma forma ativa e honesta, alinhada aos nossos princípios pessoais.

Atitude

Não vejo muito como dissociar a postura profissional da pessoal. Se você é um tirano ou ditador no trabalho, como pode ser uma boa pessoa em casa ou vice-versa? Eis o que chamo de dissonância cognitiva no indivíduo, pois, pessoalmente, conheço alguns casos assim. Mas não me convenço.

Acredito que não é possível dissociar a *persona* profissional da pessoal, em relação a princípios, e, por consequência, a atitudes.

A atitude que temos em relação ao próximo, em relação às pessoas com quem nos relacionamos fora do trabalho, deve ser a mesma que adotamos no ambiente corporativo. E mais: devemos prestar muita atenção na forma como consumimos nosso combustível de sociabilidade no ambiente de trabalho, como cortesia, educação e atenção, para não chegar em casa somente com "restos". Ou seja, sou o mais atento e colaborativo possível no escritório, e, em casa, me torno mudo, desinteressado ou alienado? Que sentido isso faz? Isso é justo com minha família ou amigos mais próximos? Óbvio que o contrário também não ajuda no desenvolvimento de uma carreira; então, o velho e bom caminho do meio é o mais indicado.

Outro ponto importante é a questão da proatividade e o limite saudável para tal. Ser proativo hoje em dia é quase uma competência obrigatória para se destacar entre seus pares, fazer mais, se antecipar, esboçar iniciativa que pode ser conectada com liderança. Mas qual o limite saudável para isso não gerar trabalho em excesso, que possa prejudicar o tempo pessoal ligado a família, esportes ou outros assuntos fora do escritório? Novamente, a resposta é de cada um, mas vale a reflexão a respeito.

Há ainda um ponto que considero muito importante: a atitude ou postura do profissional em relação a projetos em andamento ou expectativas de resultados futuros. O otimista tende a ser mais gregário, a colaborar com o ambiente de trabalho. Já o pessimista, em geral, carrega os demais para baixo, como um efeito de contaminação. Evidente que, em uma análise mercadológica ou financeira de *forecast*, por exemplo, temos de trabalhar com diferentes cenários, envolvendo premissas pessimistas etc. Não é disso que estou falando – refiro-me à atitude pessoal de cada um, e o tipo de energia ou vibração, em termos de expectativa, criada por cada um. Quem ainda não trabalhou com os dois tipos de perfis que descrevi? Indo além, qual é o seu tipo de perfil?

Por fim, considero que a atitude dos profissionais – amigável, colaborativa, proativa, passiva, tirana, ditatorial, otimista, pessimista – pode influenciar em muito o ambiente, e, por consequência, o nível de stress de uma equipe ou time de profissionais. O melhor ambiente do mundo – moderno, arejado, acessível – pode ser contaminado por profissionais com atitudes pouco construtivas, os quais podem ser muito bons em termos de *performance*, em alguns casos, mas, com certeza, são igualmente bons em geração de stress e contaminação de ambientes.

Disciplina

A disciplina imposta pelas empresas ou pelos próprios profissionais em relação ao seu trabalho é algo absolutamente corriqueiro. Pode ser o horário de expediente (ainda que flexível, mas com um determinado padrão de horas diárias), as responsabilidades inerentes ao cargo que ocupamos ou os chamados entregáveis de nossa função, todos estamos acostumados com um certo grau de pressão, que se transforma em disciplina e tende a se tornar produtividade.

Mas, por que muitos profissionais não adotam ao menos uma parte dessa mesma fórmula para a vida pessoal? Por que não manter uma rotina mínima de exercícios físicos, de cuidados com a alimentação ou de reservar, de fato, tempo de qualidade para a família ou os amigos? Seria porque não somos pagos para cuidar disso?

Acredito muito que o equilíbrio entre as diferentes facetas do indivíduo traga benefícios maiores até mesmo para o profissional. Ou seja, se você trabalhar menos horas e conseguir se exercitar, por exemplo, poderá obter resultados melhores em seu trabalho. Como isso é possível? A palavra é produtividade. Para sermos produtivos, temos de estar focados, com a cabeça fresca, com disposição. Corpo saudável, horas de sono adequadas, baixo consumo de álcool, refeições mais balanceadas – tudo isso ajuda a cabeça a trabalhar melhor.

Mesmo a leitura, hábito que muitos acabam deixando de lado, pode ser extremamente eficaz na redução de stress, se usada para mudar de canal, para sair dos assuntos do dia a dia corporativo. Não a leitura de jornais e revistas, mas de livros. Leitura que nos transporte para outros universos, para outras dimensões. Assuntos diversos, como biografias, grandes histórias, suspense, gastronomia ou o que for de sua preferência, podem proporcionar excelentes momentos de relaxamento, que inclusive ajudam a nos tornarmos mais criativos, mais abertos a novas ideias e *insights* para assuntos do lado profissional.

Vejo que todo mundo que trabalha busca algum tipo de resultado, de sucesso na vida. Sucesso, que significa ganhos financeiros, promoções, reconhecimento, realização de projetos, entre outras coisas. O que não faz sentido para mim, porém, é muito sucesso na vida profissional e a vida pessoal em cacos. Ou seja, reconhecimento profissional e financeiro, mas acompanhado de um perfil pessoal solitário, doente ou viciado em pressão. Isso não pode ser chamado de sucesso. Pelo menos, não na forma plena do indivíduo.

Limites

Desde pequenos aprendemos sobre limites. Quando nos tornamos pais, entendemos verdadeiramente a importância dos limites, ensinando aos nossos filhos os limites pessoais, sociais, comportamentais.

Mas por que os limites não são respeitados quando se fala em trabalho? Por que ultrapassar os limites pessoais para entregar ou superar a *performance* esperada no trabalho é tão comum?

Uma explicação pode estar relacionada à competição. Todos trabalhamos em segmentos competitivos, em que profissionais mais agressivos, mais produtivos tendem a ser mais reconhecidos. Ora, se meu par se esforça e entrega mais do que eu, a chance de ele receber uma promoção é maior do que a minha. Portanto, tenho que me esforçar mais e mais, nem que para isso eu tenha que abandonar meu equilíbrio pessoal, meus hábitos saudáveis, meus amigos, minha família...

Mas até onde vai essa dinâmica? Não vou sempre encontrar profissionais ainda mais competitivos, que vão reagir da mesma forma que eu, me levando, como consequência, a ir além, o que gera um ciclo vicioso e doente de produtividade no trabalho e ausência de vida pessoal?

Vejo que há duas dimensões nesse caso: a do estágio de carreira e a do limite pessoal. Na questão do estágio de carreira, é natural que os mais jovens se esforcem muito, que passem do ponto em muitos casos para se destacar na multidão de talentos entrantes no mercado de trabalho, ou nas posições hierárquicas mais de base, visando a escalada corporativa de carreira. Trata-se de meritocracia – se você se esforça mais, se está disposto a doar mais de seu talento e vida pessoal, tende a ganhar mais, ser mais reconhecido, ser promovido mais cedo. Só que à medida que a carreira progride, os obstáculos e os desafios, bem como a competitividade, também aumentam. O modo-padrão, portanto, é o de dar tudo, dar o sangue, mesmo que isso traga prejuízos pessoais significativos. O que ocorre é que, ao ganharmos mais experiência e ficarmos mais velhos, passamos a selecionar melhor o que vale a pena, ou, como diria meu pai, quais bolas valem entrar em dividida.

A segunda dimensão, a do limite pessoal, entra em cena com grande importância, mesmo que despercebida por muitos. Até onde estou disposto a ir, sacrificando minha vida? Todo o dinheiro que quero ganhar ou já estou ganhando pode ser de fato usufruído de forma recompensadora e prazerosa, ao lado daqueles que quero bem? Ou não tenho tempo agora, mas daqui a um tempo farei isso? E se no futuro eu não tiver ao meu lado as pessoas que quero bem, nem mesmo a saúde para usufruir dos sonhos que acumulei ao longo de tanto tempo de ritmo enlouquecido no trabalho?

Cruzo esse raciocínio com a questão da impermanência. Tenho que tentar aproveitar minha vida como é hoje. Amanhã, as coisas certamente serão diferentes.

Você conhece bem os seus limites pessoais? Até onde está disposto a se entregar na batalha corporativa? Existe um "risco na areia", qual daquele ponto você não passa? Mais: se existe, há clareza de sua postura na empresa em que você trabalha? A empresa sabe até onde pode contar com você, ou deixar isso claro significa minimizar suas chances de crescimento? Se sim, é esse o tipo de ambiente corporativo que você melhor se encaixa?

Entendo, ainda, a prática do *feedback* como um mecanismo muito interessante de autoconhecimento e de definição de limites pessoais. Ao reconhecer que está passando do ponto em termos de volume de trabalho ou horas, você pode ouvir em uma sessão de *feedback* um direcionamento de que "é assim mesmo" ou sobre "a importância de procurar reorganizar suas prioridades para estar bem com você e ser mais produtivo". Em outras palavras, pode ser um exercício interessante de perceber se os limites que você tem são saudáveis, inexistentes ou até mesmo barreiras para seu crescimento na empresa. Novamente, a resposta sobre os limites é de cada um, mas a reflexão e autoconhecimento são processos muito importantes.

Respiração

Em diversas situações de correria extrema, de picos de stress em minha vida profissional, peguei-me respirando como um cachorro arfante.

Cachorro arfante?

Isso mesmo: respiração curta, rápida, quase desesperada. Amplitude mínima de inspiração e expiração, ansiedade alta e canseira cerebral. Velocidade tão intensa que só não parei de respirar por ser um ato involuntário.

É a diferença entre a respiração automática, mecânica, e a respiração consciente, provocada, intencional e profunda.

Uma das coisas mais importantes que a ioga me ensinou foi o autoconhecimento, a autopercepção, incluindo aí a respiração.

Parar o bonde desgovernado por três ou cinco minutos, fazer respirações calmas, profundas, segurando na inspiração plena e na expiração plena. Tão simples como isso. Dá para praticar no banheiro, no carro, até mesmo durante uma reunião, se você for discreto.

Só tenha cuidado com a tontura, pois, com certeza, ela virá, sobretudo se você não estiver acostumado "a respirar".

O melhor é conseguir acompanhar esse exercício de uma pausa, mesmo que rápida. Levantar-se, espreguiçar-se, tomar água, respirar e mudar a energia. Oxigenação para o cérebro e para o momento.

As pausas são relegadas a segundo plano por muitos de nós, mas são momentos absolutamente essenciais para estimular a criatividade, a análise sob novas óticas, o *stand-by* que pode nos trazer novas soluções para um problema.

Não vale, nesse caso, pausa para checar *e-mail* ou fazer uma ligação pendente. Isso não é pausa; é engatar um afazer no outro, é querer criar um novo cachorro arfante em você.

Por fim, vale lembrar, de forma consciente e absolutamente real, que todos os nossos problemas duram enquanto pudermos respirar. Ou seja, se passar do ponto, poderei pagar com a saúde, com pausas forçadas por motivos de doença. E então poderei ter problemas de verdade ou, mesmo, serei forçado a me distanciar dos ditos problemas que me fazem quase parar de respirar diariamente.

Portanto, faça pausas, e respire.

Hobbies

Li em algum lugar que todo mundo deveria ter um *hobby*. Complementaria esta frase dizendo que "todo executivo que trabalha muito deve, obrigatoriamente, ter um *hobby*".

Um *hobby* significa um assunto, um passatempo, um tema de dedicação, estudo ou devoção, que traga uma mudança na sua vibração mental, que leve os problemas e entregáveis urgentes do trabalho para longe, muito longe.

Mudar o canal mental é algo fundamental para o descanso, a revigoração intelectual. Como o sono, mas de forma consciente e voluntária, um *hobby* é um tratamento frequente de autoatenção, com doses absolutamente benéficas e prazerosas de realização.

A velha desculpa do "não tenho tempo" ou "não sei o que fazer" tem de ser substituída por uma única palavra: tentativa. Tentar para ver se gosta, se funciona, se ajuda na mudança mental.

Você escolhe: pescaria, gastronomia, esportes, coleção de selos, andar de bicicleta, uma banda de rock, ioga, o que for. Desde que seja algo prazeroso e diametralmente distante do seu trabalho, para proporcionar um novo tipo de *input* cerebral. É importante também que a frequência seja, no mínimo, semanal (portanto, viagens de lazer não valem nessa categoria!).

Conheço executivos alpinistas, músicos, *chefs* amadores, iogues, líderes de projetos sociais, artistas, nadadores, escritores, poetas, golfistas, mestres de obras, lavradores, jardineiros, entre tantos outros. Gente que trabalha muito, mas que acha o tempo e prioriza a saúde mental e o equilíbrio. Gente que vê que um *hobby* é uma excelente oportunidade de sair da pauta recorrente dos assuntos profissionais.

O resultado? A retomada da rotina diária e intensa do trabalho de forma mais leve e revigorada. Mais disposição, energia e produtividade. Alguém aí não quer esse tipo de benefícios para sua carreira?

Espiritualidade

Longe de mim querer pregar religião, mas o que acho importante é a prática da espiritualidade, ou seja, a criação de momentos pessoais, internos, de reflexão, de questionamento, de meditação e de silêncio interno. A tentativa da construção de momentos de paz interior.

Esses momentos, quando balanceados com o ritmo frenético do trabalho, hoje em dia, são de grande importância para o equilíbrio. Seja a leitura de um livro com uma mensagem de reflexão espiritual, a prática de meditação, um momento de oração, a escrita de um texto ou poema. Você escolhe.

Experimente. Priorize momentos só seus de tranquilidade, como pequenos oásis de calmaria no meio das tempestades de areia. Já escrevi um pouco sobre a importância das pausas durante o dia de trabalho e da respiração. Mas os momentos espirituais são muito mais profundos, e infinitamente mais fortes.

Além da mudança de ritmo, e de perspectiva, em muitos casos, a prática da espiritualidade nos coloca em contato com nós mesmos e com questionamentos vitais sobre nosso papel, nossa trajetória e nossos objetivos pessoais.

E mais: nos lembra sobre as oportunidades que temos, todos os dias, por meio da convivência temporária com pessoas de diferentes estilos de vida e histórias, no ambiente de trabalho.

De novo, a impermanência, mas aqui com um sentido mais espiritual, na ótica do aprendizado e do ensinamento uns com os outros.

Isso pode trazer uma noção muito interessante e construtiva. Todos nós, de alguma forma, estamos exercendo algum tipo de exemplo ou liderança. E estamos aprendendo também. Que lições posso observar com mais atenção sobre a postura de meus companheiros de equipe ou de meu chefe? O que acho que posso agregar aos meus pares? Em outras palavras, como posso promover meu desenvolvimento (não só o profissional, mas o aprendizado pessoal)? E como posso tentar proporcionar a mesma coisa para quem convive todos os dias comigo, ainda que de forma temporária (lembre-se de quanta gente já trabalhou com você até hoje)?

Eis aí um exemplo prático de espiritualidade colocada em prática no trabalho. Se você puder somar essa perspectiva a momentos individuais de pausa e reflexão, isso pode ajudar muito no combate ao stress do dia a dia.

Alimentação

Eis um item de ordem absolutamente prática na vida de todos os profissionais, mas origem de grandes dificuldades ou problemas.

Lógico que é mais fácil se entregar a uma bela sobremesa, pular a salada e ir direto para a feijoada, ou escolher uma churrascaria em vez de um restaurante de comida mediterrânea.

Mas, e o preço que se paga com isso tudo?

Salvo se você tiver um metabolismo abençoado, as chances de quem trabalha muito e tende a comer na mesma intensidade são enormes para: ganhar peso, perder autoestima na frente do espelho, esconder-se atrás de ainda mais trabalho para ter sucesso justificado, fugir de *check-ups*, minar a saúde.

Então, não tem jeito. Ganhar peso é fácil; perder, um pesadelo. Por isso, o melhor caminho, mas também o mais difícil, é o do equilíbrio.

O ditado "Café da manhã como um rei, almoço como um príncipe, jantar como um mendigo" é muito bacana e parece bem correto, mas como aplicar isso em uma vida repleta de *deadlines*, almoços com clientes, viagens a trabalho, *happy hours* e jantares corporativos?

Não tem jeito, é na base da disciplina mesmo. Encontre um tempo para um bom café, com frutas e cereais. No almoço, pule o *couvert* e priorize um peixe grelhado. Passe a sobremesa e tapeie a vontade com um café. Faça lanches no meio da manhã e da tarde (com certeza uma barra de cereal ou castanhas sempre vão ser menos atraentes do que brigadeiro e bolo, mas não tem jeito, saúde se constrói com pequenos gestos todos os dias). Tome muita água, faça pausas para ir ao banheiro (síndromes de constipação ou de inflamação na bexiga são comuns em executivos, por sempre adiarem a ida ao banheiro!). Tome café, se gostar, mas manere nas doses e evite fazê-lo após as 17 horas, para não prejudicar seu sono. Tente sempre um jantar leve. Se for com um cliente, coma alguma coisa antes de ir para o jantar e pedir tudo o que estiver na frente, já morto de fome. Se seu cliente adora vinho, acompanhe, mas alterne entre o vinho e a água...

Não tem alternativa: você é (ou será) o que come. Se descontar na comida, já sabe o resultado. Para perder, ainda mais stress. Daí começa o ciclo vicioso, e os danos reais à saúde.

Mas, como ninguém é de ferro, permita-se indulgências (poucas) ao longo da semana e em um dia do fim de semana. E equilibre esses abusos com esportes.

O ganho é certo. Não de peso, mas de qualidade de vida.

Família

Eis uma questão absolutamente crucial para quem é casado, compromissado ou tem filhos pequenos.

Como conjugar o envolvimento e a adrenalina do escritório com seus horários irregulares, que volta e meia entram noite adentro, com o horário do jantar ou com o tempo com as crianças? Como equilibrar o tempo dedicado ao trabalho com o tempo dedicado à família?

A resposta parece estar em uma única palavra: qualidade.

Não vejo muito como equilibrar a quantidade de tempo, pois, durante a semana, invariavelmente as horas favorecerão o trabalho. Já a qualidade, esta sim pode estar a nosso favor.

Aprendi com minha mulher que uma ida ao shopping para jantar e jogar *video game* com as crianças pode ser muito melhor do que estar em casa todos os dias no horário correto. Desde que o celular corporativo esteja desligado...

Aprendi que um jantar a dois em uma quinta-feira, acompanhado de um bom vinho, pode ser uma ótima oportunidade de se reconectar.

Aprendi também que a leitura de histórias para as crianças, antes de dormir, pode ser um momento mágico e inesquecível.

Até hoje sinto certa dor no coração quando me lembro do livro *O nó do afeto*, escrito por Eloi Zanetti, em que um pai sempre saía para trabalhar antes de o filho acordar e chegava depois que o pequeno já estava dormindo. Ele, então, para demonstrar ao filho seu amor, combinou que deixaria um nó no lençol do filho todas as noites, quando fosse até sua cama para lhe desejar bons sonhos e boa-noite. Ao acordar, o filho saberia que o pai havia passado por ali na noite anterior, lhe beijando e cobrindo.

A história de Eloi é comovente, mas retrata uma realidade muito triste, e que considero onerosa demais: a perda da família, ou de momentos preciosos com a família, por conta do trabalho.

Lógico que temos contas para pagar, que queremos crescer profissionalmente, que somos pressionados e tudo mais. Mas, até que ponto isso não vira piloto automático? Não adianta: parte da rotina é uma questão de escolha. Tempo é uma consequência dessas escolhas.

Lembro, com remorso, quando trocava as idas para casa na hora do almoço para ir nadar e me exercitar quando meu primeiro filho, Lucas, nasceu. Perdi momentos preciosos do desenvolvimento inicial dele (fraldas trocadas, palavras balbuciadas etc.). E olha que nem foi pelo trabalho, foi por uma opção de priorizar o esporte em detrimento do meu tempo com ele. Novo exemplo de desequilíbrio, e das escolhas erradas que fiz naquela época. Felizmente, quando minha filha nasceu, almoçava em casa sempre que podia, e piorei muito, com alegria e orgulho, meus tempos nas piscinas.

A verdade é que a família é o que de menos impermanente teremos nesta vida. E é um contrassenso dedicarmos nossas semanas, meses, anos, durante o auge de nossas carreiras profissionais, ao trabalho, deixando a família de lado. Os problemas e desafios do trabalho são sempre passageiros. Os grandes momentos em família, nunca.

De novo, temos de buscar o velho e bom equilíbrio, o caminho do meio, procurando administrar a realização profissional e o tempo de qualidade investido com aqueles que são as pessoas mais importantes em nossas vidas.

Escolhas

Vou parar por aqui.

Mas, talvez, de tudo o que escrevi até agora, duas palavras sejam absolutamente preponderantes no tema trabalho e stress: consciência e escolhas.

Já falamos bastante sobre consciência, mas vale um pouco mais sobre escolhas.

Somos os responsáveis por tudo o que vivemos no trabalho. Nossas decisões de aceitar um emprego, mudar de trabalho, encarar uma promoção. Somos responsáveis, até mesmo, em alguns casos, por sermos demitidos, salvo crises generalizadas maiores (na empresa ou na economia, por exemplo).

Então, escolhemos o que é de fato mais importante para cada um de nós. Para alguns, pode ser justamente o trabalho e a carreira. Não vejo nada de errado nisso, se for uma escolha verdadeira, sem arrependimentos ou dúvidas. Mas se a falta de equilíbrio entre o trabalho e a vida pessoal gera stress, daí o cenário é muito diferente.

Então, minha mensagem final é de respeito às suas escolhas. Reflita, avalie, pese bem suas opções e esteja à altura delas. Arque com as consequências e tenha humildade para mudar de ideia, se o resultado não for o esperado.

Reflita sobre os tópicos abordados neste livro, veja o que faz sentido para você, mude aquilo que acha que precisa e deve.

O objetivo deve ser sempre se tornar não somente um profissional melhor, mas também uma pessoa melhor, mais equilibrada, se você achar que precisa e que deve fazer.

É o livre-arbítrio, em sua essência, que podemos aplicar diretamente em nosso dia a dia de trabalho e de combate ao *stress*.

Lembre-se: Joe Labor sou eu, é você e é muitas outras pessoas. Joe está em cada um de nós com diferentes nuances e graduações, e temos de refletir sobre quais de suas características nos agradam e o que queremos mudar.

O ritmo do mundo atual, a competição, a insanidade da produtividade no mercado de trabalho não vão acalmar. Se mudarem, deve ser para pior.

Vivemos em uma sociedade obcecada pela informação, pela agilidade, pelo *just in time*, pelo jeito Google de resolver as coisas. E mesmo que existam movimentos contracorrente ("*ignorance is a bliss*" e afins), o segredo para conviver, para melhor tolerar o que nos cerca está em cada um de nós.

O equilíbrio é uma questão de escolha, então quem tem que mudar é você.

Trabalho em excesso sempre haverá, *stress* administrado depende de você.

Comece, então, por sua vida pessoal e profissional, por aquilo que acha importante corrigir ou repriorizar.

E espalhe esta mensagem.

Na sua vida, na vida de seus amigos e colegas, na sua empresa, em outras empresas e para quem você acha que precisa.

Só depende de você.

Como no final do poema *Invictus*, de William E. Henley, que diz mais ou menos assim (tradução livre):

"... Por ser estreita a senda – eu não declino,
Nem por pesada a mão que o mundo espalma;
Eu sou dono e senhor de meu destino;
Eu sou o comandante de minha alma."

Boa sorte, com muito trabalho, equilíbrio e pouco *stress*.

PARTE 3

O EPÍLOGO DE JOE

Joe se lembra com um misto de vergonha e diversão o tipo de pai e marido que era. Mas é importante não esquecer.

Fins de semana sagrados? Só se fossem para o trabalho: reuniões aos sábados pela manhã, dias inteiros para dar conta dos entregáveis solicitados pelo seu chefe ou partes do sábado e do domingo para tentar colocar algumas coisas atrasadas em dia...

Consciência pesada pela ausência com as crianças? Vamos comprar animais de estimação (coitado do cachorro que ele levou para passear e quase matou atropelado por estar respondendo mensagens no celular ou dos porquinhos-da-índia que ficaram um fim de semana inteiro sem comida, porque ele ficou em casa focado em um projeto, e a mulher e os filhos, na praia...).

Participação na vida escolar dos filhos? Joe nunca sabia direito o *nome* dos professores da escola ou mesmo a série em que as crianças estavam estudando. E as ligações atendidas durante as poucas apresentações dos filhos na escola, aquelas que ele conseguiu assistir?

Interesse na vida profissional da sua esposa? Primeiro, ele achava que ela só trabalhava para não ficar em casa, para se ocupar. Segundo, o desinteresse (durante muito tempo, Joe não sabia direito o que ela fazia). Terceiro, a ordem natural das coisas (tudo o que se relacionava ao trabalho dele era certamente mais importante que qualquer outra coisa, sobretudo quando havia um conflito entre a agenda dele e a da mulher sobre quem tinha que buscar ou levar as crianças...).

E suas tentativas de *hobbies*? Devia ter feito uma coleção de fotos, pelo menos. Teve o barco, que só usou uma vez. A moto, que vendeu por absoluta pressão da família, por acharem perigoso demais (principalmente quando ele tentava checar mensagens dirigindo). Fora os tacos de golfe, os planos de hotéis *time-sharing*, os *kits* de charuto, os cursos de enologia e de gastronomia não terminados...

Passados alguns anos, Joe quase não se reconhece. Quem era essa pessoa?

Olha para o lado e agradece (de joelhos, algumas vezes) por ter a mulher ao lado dele depois de tudo o que passaram. Olha os filhos, grandes, e sente uma mistura enorme de amor e remorso. E chora. Chora sempre, se emociona, se comove com sua família, por suas escolhas no passado e pelo tipo de vida que tem hoje.

Emagreceu uns bons dez quilos, bebe quase nada, tenta se exercitar com regularidade. Sempre que possível, liga para os amigos. Vê a mãe umas duas vezes na semana, no mínimo.

Seu celular, hoje, serve só para falar. E não por mais que três ou quatro minutos.

O que Joe mais faz hoje é escrever. Aliás, computador para ele serve mesmo para escrever. Escreve muito, mas não a ponto de se isolar da família ou de se sentir pressionado.

Acaba de terminar um livro, no qual conta um pouco da sua vida, de como viveu o stress de forma inconsciente e alucinada.

Joe sabe que é um sobrevivente de si mesmo e de suas escolhas.

Sempre que perguntam detalhes da sua história, ele pede para lerem o tal livro. Diz que o mais importante é compartilhar sua história, para que muita, muita gente possa conhecer e, quem sabe, se identificar, para mudar, para se ajudar.

E quando perguntam o que fez com que ele mudasse, o que exatamente aconteceu, ele resume: "Acordei".

PARTE 4

POSTS SELECIONADOS DO BLOG QUE DEU ORIGEM A ESTE LIVRO E DE EXAME.COM

Realização profissional *versus* stress

mensagem de abertura do *blog* – outubro/2009

Você é executivo ou executiva? Trabalha como louco(a) e quer crescer, prosperar, ter mais sucesso profissional? Ao mesmo tempo, se questiona sobre sua qualidade de vida, seus hábitos, seu tempo para você mesmo e para as pessoas de quem gosta?

Bem-vindo a um espaço voltado exatamente sobre esta discussão.

Quero trocar ideias sobre o ambiente corporativo, qualidade de vida, administração de tempo, autoconhecimento, paz interior, saúde, o que eu e você temos em comum, ao mesmo tempo que trabalhamos que nem malucos, que mal e mal sentimos as semanas passarem.

Se você de vez em quando se questiona sobre isso tudo, participe.

O objetivo é atuar onde é possível: na redução do *stress*, já que o volume de trabalho nem sempre está exatamente sob nosso controle...

Qual o último livro realmente marcante que você leu?

Com a correria que todos nós temos e a necessidade de estarmos constantemente bem informados, sofremos uma avalanche de informações, com a leitura dos jornais do dia, das revistas da semana (*Veja* etc.), das revistas de negócios (*Exame* e outras), dos relatórios setoriais, da internet etc.

Além disso, muitas vezes levamos trabalho para casa, e acabamos lendo relatórios na cama, antes de dormir.

E cadê o tempo, ou mesmo a disposição, para ler um bom livro?

Não vale ler livros ligados à sua profissão, ao seu trabalho.

Refiro-me a livros que mudam o assunto do dia a dia, que nos fazem pensar de forma diferente, que nos marcam.

Qual o último livro realmente marcante que você leu?

Se você tem dificuldade em responder a essa pergunta, vale uma reflexão.

Fiz essa pergunta em uma entrevista com um candidato a uma vaga outro dia, e o silêncio foi tão longo que eu mesmo acabei constrangido

Temos de encontrar tempo para nossos hábitos pessoais, para o que gostamos, para um bom livro, para bons momentos individuais e de paz. Temos de ter isso tão claro quanto todos os projetos e *deadlines* que lidamos todos os dias no trabalho.

Isso é fundamental não só para a saúde mental a longo prazo, mas para a produtividade, para o descanso da cabeça, para o equilíbrio.

Por isso, deixe um pouco as revistas e as leituras obrigatórias de lado e procure um bom livro, um daqueles que é difícil de largar. O feriado ou um fim de semana podem ser perfeitos para isso

Desligue já esse Blackberry

A *Exame* com data de capa de 21 de outubro de 2009 traz uma nota muito interessante na página 120.

Fala sobre um teste feito pela Harvard Business School com consultores da Boston Consulting Group, pedindo que eles desligassem seu Blackberry uma vez por semana, pontualmente às 6 horas da tarde.

Detalhe: o período analisado foi de quatro anos.

Posts selecionados do *blog* que deu origem a este livro e de exame.com

Ou seja, uma vez por semana, esses consultores tinham que se desligar do trabalho, virar a chave, nem Blackberry, nem *notebook*, nem nada.

Sabe qual foi o resultado?

A medida forçou os profissionais a usar melhor seu tempo e a planejar melhor suas atividades, o que gerou uma melhoria no serviço prestado aos clientes...

Achei isso muito interessante, pois vai exatamente na contracorrente da vida executiva moderna, na qual, se quisermos, acabamos conectados o tempo todo, via celular, *notebook* + redes *wireless*, ou Blackberry.

Conheço executivos real, total e desesperadamente vidrados e viciados no tal Blackberry.

E acho de fato um perigo, pois se deixarmos, vicia mesmo. A luzinha vermelha piscando ou a preocupação se ela está piscando, ou se vai piscar em breve...

Ouvi uma vez o trocadilho em inglês "crackberry", pela capacidade viciante da tal "ferramenta de produtividade"...

Então, seja porque você quer produzir mais e melhor, com mais foco e qualidade, seja porque você quer viver mais, ter mais qualidade de vida fora do trabalho, desligue já esse Blackberry. Ou tão logo você saia do escritório, chegue em casa de noite ou comece o seu fim de semana.

Seu companheiro ou companheira, seus amigos, sua família, com certeza, vão agradecer.

E sua atenção ativa para a vida, para o seu redor, para o seu lado pessoal, idem...

Por que deixamos de lado as coisas que gostamos?

Um amigo comentou comigo sobre como ele estava tentando resgatar coisas que gostava, por estar vivendo uma fase de transição profissional.

Desde uma dieta mais saudável até o retorno aos exercícios físicos.

Do tempo com a família às aulas de violão, que ele tanto gostava de tocar.

A pergunta é: Por que deixamos de lado as coisas que gostamos? Por que permitimos que o trabalho se torne a coisa mais importante e central de nossa vida? Por que tendemos a largar o restante, tratando este restante como "resto"?

Lógico que todos temos prazos, projetos, responsabilidades, *deadlines*. Mas por que não tentar equilibrar um pouco mais as coisas?

Acho que o simples fato de nos darmos conta disso já é um primeiro passo.

Só que a mesma disciplina que empregamos em nosso lado profissional tem de estar na busca desse equilíbrio pessoal.

Acordar mais cedo para se exercitar ou meditar.

Estudar outra língua.

Aprender a tocar um instrumento musical.

Qualquer um desses *hobbies* (desde que sejam encarados como tal), nos permitem mudar a estação, sintonizar em outras coisas, mudar um pouco.

E não é preciso que passemos por transições ou mudanças abruptas para tal.

O que precisamos é ter consciência, prestar atenção em nós mesmos. E ter disciplina para honrar o lado pessoal, assim como honramos o lado profissional.

Ao longo do tempo, do seu caminho pessoal (e também profissional), você vai sentir os benefícios. Tanto de autopreservação e autoestima, como de socialização, de contato com outras pessoas. E isso, por mais paradoxal que possa parecer, vai lhe dar mais gás para o seu trabalho, se você entender que precisa ser assim.

Pense nisso. Mas não fique só no pensamento e na reflexão. Faça algo a respeito.

E depois, se quiser, compartilhe os resultados...

A importância da família

Li na *Veja* há algum tempo que a família tomou o lugar da religião para muita gente. Acho que isso faz muito sentido, nos dias em que vivemos.

O raciocínio é simples: não temos tempo, não vivemos em cidades pequenas, não congregamos em pequenas comunidades, temos mais informação, somos mais críticos, mais céticos.

Isso não quer dizer que não busquemos a espiritualidade, que não passemos por um processo de busca interior.

Aí entra a família.

Quem tem família, filhos especificamente, sabe o tipo de amor incondicional que isso significa.

Um tipo de amor realmente inexplicável, que você dá sem querer receber, que brota espontaneamente nos momentos mais inesperados, que aumenta ainda mais quando você acha que isso não é possível. Isso, de alguma maneira, nos conecta com o divino. E fecha o ciclo do raciocínio de que a família pode estar tomando o lugar da religião.

Para mim, executivo sem tempo, corrido, afobado, faz muito sentido. Minha família tem um poder que é só dela: o de me fazer trabalhar ainda mais, para poder prover, e ao mesmo tempo, me fazer esquecer do trabalho, por colocar as coisas na perspectiva adequada de importância.

Um fim de semana como esse que passou é a prova viva disso. Saí na sexta-feira, no fim do dia, com a cabeça a mil, cheguei em casa e ainda fui para o computador ver mais alguns *e-mails*.

Domingo, no fim do dia, depois de dois dias com eles, sou outra pessoa. Mais relaxado, mais conectado comigo mesmo, menos disperso.

Sei que tudo recomeça amanhã, segunda-feira, mas os benefícios de poder brincar com meus filhos, conversar com minha mulher com calma, me sujar com meus cachorros, tudo isso fica comigo ao longo de muitos dias, muito tempo.

Acaba sendo uma espécie de reencontro, de bênção, de conexão com algo maior, algo realmente religioso e espiritual.

O que me faz concluir com uma lembrança muito importante para todos nós, executivos muito ocupados: tão importante quanto o sucesso profissional é o reencontro com nossos valores pessoais, nossa individualidade, nossas emoções, nosso lado individual e pessoal.

Este é o tão almejado e batalhado equilíbrio, imagino que para muitos de nós...

Pessoal e profissional

Conheço colegas que jamais falam de trabalho em casa. Resolveram que deixariam todos os assuntos e eventuais angústias do trabalho da porta de casa para fora. Acho essa uma decisão corajosa, tanto pela intenção de não trazer o trabalho para casa, como pela tentativa de mudar de frequência.

Mas me pergunto quanto a família pode compreender ausências, períodos de *stress*, comportamentos afetados por questões ligadas ao trabalho, se ela não tem como saber o que se passa?

Ao mesmo tempo, por mais que tentemos compartilhar o que se passa no trabalho, caso nossa decisão seja diferente da dos meus colegas citados, acho que é bastante difícil expressar e transmitir de fato o que se passa. Não tanto sobre o dia a dia no ambiente do trabalho, mas sim o que se passa dentro de nós, ou como o que acontece no trabalho nos afeta internamente, tanto no lado fisiológico (pressão alta, insônia etc.) como no psicológico (ansiedade, angústia etc.).

A verdade é que se não tentarmos de fato mergulhar no que se passa, partindo do princípio que o seu ouvinte esteja de fato interessado, não conseguiremos verbalizar as coisas de forma adequada, não conseguiremos transmitir o que estamos sentindo de forma efetiva. E o que é pior: não teremos *insights* sobre nós mesmos, sobre nosso comportamento, sobre nossas reações. Não integraremos o pensar e o sentir.

Acho que o princípio mestre disso tudo é a tentativa de não dissociar a pessoa do executivo, o ser humano do profissional. Todos temos os dois lados. E temos que nos colocar no lugar do outro. Seja ele um colega, um subordinado, um chefe, ou um ouvinte em casa.

Viver cada momento

Todos nós, executivos e profissionais ocupados, temos, na verdade, desafios muito parecidos.

Estou falando sobre a falta de tempo, pressão do volume de trabalho, tentativa de tentar equilibrar a vida profissional com a pessoal.

E, invariavelmente, acabamos deixando a vida pessoal de lado. Aquela viagem especial com o marido, a mulher, o namorado, a namorada. Uma saída mais cedo do trabalho para buscar os filhos na escola e fazer um programa diferente. Um passeio pelo parque no fim da tarde. Uma visita inesperada à sua mãe ou ao seu pai, que com certeza gostariam mais do que receber simples telefonemas de vez em quando. Tudo isso e muito mais acaba sendo adiado pela pressão do dia a dia, pelos *deadlines*.

A verdade é que aquela metáfora de que o tempo e a vida são como grãos de areia escoando pelo meio de nossos dedos não pode ser mais pura.

O tempo de hoje, a ideia do programa diferente, da surpresa, do momento em família ou do seu momento pessoal especial, se deixados para amanhã, têm grandes chances de simplesmente não acontecer.

E como não sabemos o dia de amanhã, temos de viver o hoje, o agora.

Sim, temos que trabalhar e produzir.

Mas temos de viver, sentir, refletir, como seres humanos, pais, filhos, como namorados, amantes, amigos.

Temos de viver o agora, e buscar o equilíbrio entre a *persona* profissional e a pessoal.

A crise de hoje no trabalho certamente vai passar e ser esquecida. As grandes emoções e momentos pessoais, não. Por isso, pense nisso. Reflita sobre o seu hoje, sobre o que você tem adiado no lado pessoal. Aquela viagem, uma fim de semana romântico, um curso de meditação, uma ida a um *spa* ou a um belo restaurante. Não importa. O que importa é você se permitir, tentar viver mais, sentir mais, curtir mais.

Ter em mente a intenção de viver cada momento.

Não se pode exercitar só a mente

Você acorda cedo, corre o tempo todo, trabalha o dia todo, faz *conference calls*, discute projetos, toma decisões, pondera variáveis, administra crises, analisa cenários. Ou seja, exercita sua mente, sua cabeça diariamente, o tempo todo.

Mas e seu corpo?

Como anda sua forma física? Como está sua cintura, seus "*love handles*"? Como está sua capacidade cardiorrespiratória? Como está sua flexibilidade?

Veja que seu corpo é o instrumento mais fantástico que você tem, mas tem prazo de validade, precisa de revisão, precisa de cuidado. Tanto quanto, ou até mais, que sua mente.

Posts selecionados do *blog* que deu origem a este livro e de exame.com

Você fuma? Bebe todos os dias para espantar o *stress*?

É candidato a ter um *pit stop* obrigatório.

Toma remédio para dormir? Antidepressivo?

Qualquer resposta afirmativa às perguntas acima, se somada à correria do trabalho, pode ser muito, muito nociva para a sua saúde.

E a busca do equilíbrio começa com pequenos passos, com pequenas mudanças.

Deixar a sobremesa de lado, tomar menos café, diminuir ou largar o cigarro (esse passo talvez não seja tão pequeno para quem fuma, mas é muito, muito importante), tentar caminhar ou correr umas três vezes por semana, se alongar.

Você pode ser ainda mais efetivo, matriculando-se em uma academia (e efetivamente frequentando), ou em uma escola de natação.

Ioga também pode ser algo extremamente poderoso, tanto para o seu corpo, como para a sua mente.

O importante é tentar equilibrar o binômio do exercício do corpo e da mente.

Você precisa de ambos para ir adiante, a curto, médio e, principalmente, longo prazo.

Tecnologia: aliada ou inimiga?

Hoje em dia, como se não bastassem as reuniões, os projetos, o mercado cada vez mais competitivo, ainda temos de lidar com uma grande fonte de pressão: a tecnologia.

A tal da tecnologia que trouxe para nossa vida profissional o *e-mail*, o celular, os *blogs*, o Twitter, o Blackberry. Estamos conectados o tempo todo, 24 x 7 x 365. E nos habituamos a isso... Ou seria nos viciamos?

Conheço gente que fica doente se não tiver com os *e-mails* em dia. Já ouvi a história de um executivo que não conseguia namorar a própria esposa (se concentrar, no sentido figurado) se o Blackberry não estivesse ao lado, na cama.

São sintomas de uma sociedade moderna demais para o meu gosto.

Sintomas de histeria, de excesso de *inputs*, de voltagem 220 o tempo todo.

E certamente novas tecnologias virão, por isso acredito que a solução esteja na forma de lidar com isso tudo. No estabelecimento de momentos-chave durante o dia para checar e responder os *e-mails*. Na decisão de diminuir a pressão de ficar acompanhando o tempo o todo o que acontece na mídia. Na opção por um bom livro (que não seja de negócios, mas uma boa ficção ou biografia) em vez de ler a última revista da semana.

Faça um breve exercício: você se lembra de detalhes ou mesmo de qualquer notícia da economia lida há dois meses?

Agora, tente se lembrar do último bom livro que leu, que o marcou.

Veja a diferença.

Revistas, jornais, internet em geral, notícias, Jornal Nacional. Tudo isso vira uma chuva de informação diária, desnecessária em muitos casos. Priorize seu tempo, administre seus momentos de *inputs*. E guarde bem as pausas para ler um bom livro, para simplesmente parar um pouco, para se desconectar.

Paz interior

Muita gente busca paz interior.

Eu sou uma dessas pessoas.

Mas como fazer disso um hábito, mais do que isso, uma conquista, em meio ao turbilhão de coisas do dia a dia, do *stress* do trabalho, de tantas coisas que temos de pensar e fazer ao mesmo tempo?

Acho que um caminho possível (e prático) é o de escolher um momento do dia para ser só seu. Pode ser de manhã bem cedo, pode ser à noite, antes de se deitar, ou logo depois do almoço. Você decide. O importante é agir. E respeitar esse momento, o hábito. E respeitar o presente que você vai se dar.

Quanto tempo? O que der. Dez minutos. Vinte minutos. Meia hora.

E o que fazer nesse momento? Não vale assistir à TV, não vale ligar para alguém, nem ficar procurando música na internet.

Tente ficar só com você mesmo. Sente-se, perceba seu corpo, preste atenção em si.

E aprenda a respirar. Respire fundo (e veja como você pode ficar tonto com isso).

Respire fundo umas cinco vezes, bem devagar. Inspire, faça uma pausa, expire, faça outra pausa.

E tente aquietar a mente, acalmar os pensamentos.

Tente esvaziar a mente, curtir o momento, aproveitar a atenção em você mesmo.

Acalme o ritmo.

E, ao longo do dia, quando estiver em uma reunião estressante, em uma discussão ou tomada de decisão importante, em um momento de pressão, de *deadline*, lembre-se de respirar.

Respire fundo, e faça com que sua mente visite, nem que seja por segundos, aquele momento em que você se deu, em que parou, que se permitiu. E veja como seu corpo reage, como a pressão melhora.

Torne isso um hábito. Um hábito de se autoconhecer, de detectar a necessidade de combater o *stress*, de buscar equilíbrio e paz.

Está tudo dentro de você.

Respiração

Corremos tanto hoje em dia, entre reuniões, projetos, *e-mails* e tantas outras coisas, que nos esquecemos de nós mesmos e do que podemos fazer para minimizar o *stress*.

Um dos remédios mais eficazes para combater a exaustão mental e a sensação de fadiga ao longo do dia é muito simples: respiração.

Não me refiro à respiração passiva, aquela que fazemos de forma inconsciente, para continuar a viver, mas sim àquela que pode fazer a diferença. Respirar profunda e lentamente, algumas vezes ao longo do dia, para voltar ao centro de nós mesmos, para ter um momento de paz, para retomar o foco e a energia.

Não vale o suspiro de fadiga, de cabeça quente, de correria. Tem de ser um exercício de consciência mental e corporal, de pausa, de introspecção. Por isso, experimente o seguinte:

- Fique em um lugar mais tranquilo; se possível, de preferência sozinho.
- Feche os olhos por alguns instantes.
- Inspire profundamente.
- Espere alguns segundos, com os pulmões ainda cheios.
- Expire profundamente.
- Espere alguns segundos, com os pulmões agora vazios.
- Veja se está ficando tonto.
- Se ficar tonto, faça uma pausa, depois retome a sequência.
- Faça isso umas três vezes, com o ciclo completo.
- Ao longo do processo, tente estancar os pensamentos, parar de pensar no trabalho e no que você tem que fazer em seguida.
- Ao final, pare e perceba, escute seu corpo e mente, se recarregue.

Posts selecionados do *blog* que deu origem a este livro e de exame.com

Este é um pequeno exercício de consciência pessoal, corporal e mental, que pode ser muito bacana para combater o *stress*.

Trânsito!

O trânsito, mais do que nunca, é um fator relevante de *stress*, não só para executivos, mas para todo mundo.

Mas, no nosso caso, os executivos sempre com muito trabalho e pouco tempo, as coisas ficam ainda mais difíceis.

Há três razões principais:

1. Falar ao celular enquanto dirige. Além de perigoso (e contra a lei), impede que desliguemos a mente, que curtamos uma boa música e tenhamos uma pausa. Idem para ligações pessoais, pois a pausa para a cabeça, o silêncio, o cantarolar uma música simplesmente não têm espaço.

2. Tentar (e o termo é este mesmo) dar uma olhada nas mensagens do Blackberry, durante as paradas em sinais ou em congestionamentos. De novo, não se faz nada com a atenção devida, nem a leitura, nem a direção. E o efeito é cumulativo na cabeça: sobressalto, correria, afobação.

3. Corrida contra o tempo, contra uma reunião para a qual estamos atrasados, contra o volume de coisas que nos esperam no escritório.

Acredito que a capacidade de mudança quanto a esses três tópicos esteja em nós mesmos. Podemos nos policiar para não falar ao telefone enquanto dirigimos, nem pensar em olhar para o Blackberry no trânsito, e programar melhor os horários, levando em conta o tempo do trânsito.

Lógico que há exceções, emergências, engarrafamentos em horários impensados. Mas são, e devem ser tratados como, exceções.

Vale a reflexão, vale a autoanálise. Vale a tentativa de mudar para melhor.

Cada vez mais o que vejo, e que combato em mim mesmo, é o comportamento do louco, do irritado, do possuído no trânsito, que xinga, buzina, acelera, ultrapassa, se excede...

Não se trata só do risco físico com nós mesmos e com os outros. Trata-se do *stress* pessoal diário, que pode, e deve, ser encarado, combatido e reduzido.

Você tem um *hobby*?

Você, executivo ou executiva que sempre trabalha muito, tem um *hobby*?

Se sim, ótimo.

Se não, está na hora de pensar em ter um.

Vivemos muito, muito em função do trabalho. Fora as reuniões, viagens, projetos, apresentações e rotinas diárias, todos temos os *e-mails*, o Blackberry, o telefone e o celular. Haja administração de tempo, haja concentração.

E acabamos orbitando o tempo todo em volta do trabalho. Volta e meia sonhamos com coisas do trabalho (até no sono acabamos trabalhando!).

Por isso, um *hobby* é tão importante. Pode ser o que você quiser, desde que *não* tenha a ver com o trabalho.

Vale um esporte (uma meta de uma corrida de 10 km é um belo começo), algo mais tranquilo (ioga é uma ótima pedida, muito pelo físico, mas principalmente pelo mental e espiritual), ou um instrumento musical.

Tem gente que gosta de estudar línguas, mas eu acho que isso acaba de novo no intelecto, e não mudamos o canal do trabalho de fato.

Posts selecionados do *blog* que deu origem a este livro e de exame.com

Conheço colegas que gostam de coisas diferentes, como culinária, ou mesmo jardinagem.

Cuidar de cachorros também pode ser uma ótima opção.

Viajar, colecionar, meditar, enfim, faça sua escolha, mas não deixe de ter um *hobby*. Pode até ser o de ter o seu próprio *blog*...

Sua cabeça vai agradecer, mas mais do que isso, seu estado de espírito vai se reequilibrar.

Giuliani – o homem por trás do líder

Esta semana tive uma experiência muito especial. Fui convidado para conduzir uma sessão de perguntas e respostas com o Rudolph Giuliani, logo após a palestra dele na HSM Expomanagement. Na véspera, descubro que teria trinta minutos e que não moderaria perguntas da plateia. Eu faria somente as minhas perguntas. *Script* livre, sem censura, sem direcionamento, sem aprovação prévia.

Público presente de 4 mil pessoas, e, ao final da palestra dele, de uns cinquenta minutos, me chamam ao palco.

Um pouco de nervosismo, um pouco de tietagem e até reverência da minha parte.

Afinal, além de tudo que fez por Nova York como prefeito (redução da criminalidade, violência etc.), ele foi uma figura central durante o ataque ao World Trade Center, em 11 de setembro de 2001.

No *script* que preparei, resolvi tentar conhecer o ser humano por trás do líder, a pessoa por trás da celebridade, pois achei que isso seria útil para todos os presentes, e para mim. Mas não tinha ideia do resultado.

Separei meus blocos de perguntas em quatro frentes: aspectos pessoais, segurança pública, liderança e gerenciamento de crise.

E, passados os momentos iniciais, comecei a enxergar um Giuliani pai, marido (disse que a líder em casa é a mulher, pois não seria louco de tentar fazer com que fosse diferente...), preocupado com sua saúde, leitor ávido, energizado, honesto, inteiro.

Uma verdadeira lição de vida. Para mim, com toda a certeza, e acho que para muitos dos presentes.

Tudo a ver com os temas deste *blog*, com minhas crenças pessoais, com o que acredito ser o papel de um executivo no mundo de hoje.

Um grande homem, que não por coincidência esteve onde esteve. Um exemplo para reflexão de todos nós.

Também perguntei para Rudolph Giuliani sobre sua frase *"Are leaders born or made?"*, e se ele havia planejado sua carreira de forma a ter tamanho prestígio como um líder reconhecido mundialmente.

A resposta dele: "Ah, não. Mas acho que estava me preparando para passar pelos momentos e situações críticas que tive de enfrentar". E aí ele completou: "Meu pai sempre me dizia: no dia em que você estiver no meio de um incêndio, terá que ser a pessoa mais calma do local"...

Fiquei muito impressionado com essas respostas. Tanto pela honestidade e assertividade dele, como pela quase "previsão" de seu pai sobre o tamanho da presença de espírito que um dia ele precisaria ter, como foi no caso do 11 de setembro de 2001. Toda a responsabilidade que pesou sobre seus ombros, todas as centenas de decisões intuitivas que ele disse ter tomado, quase sem tempo para pensar, apenas rezando para Deus estar tomando as decisões certas, confiando em sua intuição (e preparo).

Além disso, com quase 66 anos de idade, Giuliani impacta qualquer interlocutor por sua energia e assertividade. Falou da importância dos exercícios diários (mesmo que somente por quinze minutos), do amor pela família, de Deus (espiritualidade), de saber lidar com pessoas e de conseguir extrair o melhor de cada um.

Entrevistá-lo, para mim, foi um desafio, um prazer e uma lição de vida, justamente por perceber nele vários pontos sobre os quais acredito e tento escrever neste *blog*.

Posts selecionados do *blog* que deu origem a este livro e de exame.com

Produtividade

Acredito que um dos maiores desafios que temos hoje em dia é fazermos com que nossa rotina se torne produtiva. Isso significa tentar dar conta do volume de assuntos e tarefas diárias, das reuniões, das discussões dos projetos e de tudo mais. Mas vejo que há uma série de armadilhas que podem, ou não, nos prejudicar. A seguir, algumas delas.

A primeira, como já lemos em muitos lugares é o volume de *e-mails*. Eu não consigo separar uma parte do meu dia somente para responder *e-mails*, no entanto faço constantemente uma priorização entre as centenas de mensagens diárias, baseando-me em critérios como: quem mandou (meu chefe, por exemplo!), assunto (se está ligado a uma oportunidade ou problema grande no presente) e *deadline* (tudo é para ontem, mas algumas coisas são para anteontem...). Pode não resolver 100%, porém me dá ao menos a sensação de certa ordem, e isso me ajuda a administrar o *stress*.

A segunda se refere às inúmeras reuniões de trabalho. Já li sobre empresas que fazem reuniões em pé, que estabelecem trinta minutos ao máximo etc., etc. Acredito que isso parece tornar as pessoas cada vez mais parecidas com máquinas, o que não concordo. Acho que temos de administrar o tempo, temos que cuidar com assuntos paralelos, mas temos que ter tempo para trocar ideias, deixando todas as pessoas à vontade para colocarem seu ponto de vista. Ao final, um belo resumo dos pontos-chave, próximos passos e prazos. Ok, perfeito.

Mas... Nem sempre funciona assim, pois em muitos casos as pessoas querem contar suas histórias, aproveitar para relaxar um pouco, conversar. Só que como as pessoas estão cada vez mais carentes, uma conversa pessoal rápida, uma história qualquer pode se tomar um bom tempo. Se isso acontecer várias vezes ao dia, foi-se qualquer planejamento de administração do tempo.

O limite, o equilíbrio entre o saudável e a perda de tempo é chave para uma boa interação com as pessoas, sem deixar de lado sua produtividade pessoal.

Outra coisa que tento fazer é não marcar reuniões depois das 18 horas, justamente para poder usar o final do meu dia para assinar documentos, tentar responder a *e-mails* e me planejar. Isso também ajuda a administrar meu *stress* diário.

A terceira é o fantasma da procrastinação. Assuntos mais cabeludos, assuntos que temos que nos debruçar e gastar muito tempo, assuntos dos quais não dominamos por completo podem ser, facilmente, chutados para frente, para depois. E isso, de um jeito ou de outro, nos causa *stress*, seja porque nos cobramos (e sabemos que teremos de resolver uma hora ou outra), seja porque somos cobrados. Para esses assuntos, acho que o melhor é programar uma manhã ou tarde para cada um deles, para administrar o tempo, a vontade e a própria capacidade dos neurônios de análise desse tipo de assunto.

Cada um tem suas formas de administrar seu dia, seus problemas no trabalho. Podem ser reações diferentes, maneiras diferentes de conduzir o dia a dia, mas todos temos em comum as mesmas armadilhas. E, cada vez mais, vejo que a administração do *stress* é fundamental para sermos mais produtivos.

Duas razões principais: sermos melhores profissionais, em uma postura consistente de resolução de problemas e desafios é certamente uma delas. A outra, e tão ou mais importante que a primeira, é termos mais tempo para as coisas que gostamos no lado pessoal, como ficar com a família, espairecer, enfim, saber viver também fora do escritório.

A importância da reflexão para construirmos o novo

Todos nós temos inúmeras coisas para lembrar diariamente. O volume de trabalho nos assola com diferentes providências, lembretes, dados e pedidos, que procuramos de alguma forma manter sob controle. Além disso, temos os itens pessoais, desde a lista do supermercado até o pagamento do cartão de crédito, o que combinamos com as crianças, o que queremos ou pretendemos fazer, criar, pagar, inventar.

Vejo estilos e formas diferentes de *check-lists*. Tem gente absolutamente tecnológica, outras bem mais arcaicas, mas com igual eficácia. Pode ser um iPhone, um caderno ou um bando de papeizinhos, o que importa é ter uma organização minimamente eficiente, nem que seja para saber o que não estamos conseguindo dar conta de fazer...

Daí vem o fim do ano, a galope. Mais um ano que passou muito depressa, no qual dezembro mal começou e já estamos beirando o Natal.

E daqui a dez dias, o ano acaba.

Sinto em mim mesmo e na grande maioria das pessoas aquele espírito de saldo, de inventário, de reflexão sobre o que fizemos, o que gostaríamos de ter feito e o que simplesmente deixamos de fazer. E mais: começamos a colocar a cabeça, de fato, no novo ano, com as novas metas, as novas resoluções, os novos sonhos, as novas expectativas para um novo capítulo em nossas vidas. Parte disso já se mistura com o tal saldo deste ano que está terminando, e assim seguimos.

Acho que não importa a forma, não importa o tal saldo, não importa como. Mas não podemos deixar de refletir sobre o ano que passou, sobre o que fizemos, sobre como nos comportamos diante do que esperamos de nós mesmos, tanto no plano profissional como no pessoal. A consciência do hoje, do real é tão ou mais importante do que as perspectivas futuras. Pois somente a partir dela temos uma base sólida para começar a construir o novo, o almejado.

Por isso, faça uma pausa, em algum momento até 31 de dezembro, e coloque no papel, ou onde for, sua reflexão, suas prioridades, suas realizações, seu saldo. E, a partir disso, faça suas resoluções para o ano novo, de forma honesta e clara.

Se você somar mais segurança e clareza com a direção pretendida para o novo, as chances de êxito já são, de saída, muito melhores.

Ano-Novo de um e de todos

Vejo com clareza que existem três tipos de atitudes dos profissionais quando voltam do recesso das festas de fim de ano: os que voltam com o espírito mais leve, com mais otimismo e verdadeiramente renovados, os que voltam querendo enforcar o primeiro que encontram pela frente porque os problemas do ano passado continuam os mesmos de agora, e os que voltam com muuuiiiita preguiça, quase em ponto morto.

Observando mais a fundo, acho que isso tem muito a ver com a postura pessoal ou mesmo o momento individual de cada um. As festas podem ser ótimas ou péssimas, dependendo de sua situação familiar ou do que foi o ano anterior para cada um. O trabalho atual pode ser motivo de satisfação ou angústia profunda, seja por presença ou falta de desafios, de recompensa, de novidades. Enfim, cada pessoa tem a sua vida, a sua postura, o seu grau de satisfação com o trabalho, os seus problemas ou alegrias.

Mas acho que é preciso prestar atenção no ambiente onde se trabalha. Podemos contaminá-lo positiva ou negativamente com a nossa postura, qualquer que ela seja. Podemos ecoar nos outros e despertar reações similares, construtivas, pessimistas ou mesmo preguiçosas. E precisamos ter consciência disso.

Vale uma reflexão do seu, do meu estado de espírito, e de como isso pode reverberar no ambiente de trabalho.

Ajudando a fazer, ou não, um bom início de novo ano.

Corpo são, mente sã

Início do ano, rotina muitas vezes quebrada pelas festas ou pelas idas para a praia, nos finais de semana (apesar da chuva). Desculpas perfeitas para adiar ou sair da rotina da corrida, da academia, do cuidado com o corpo.

Para quem não faz exercício regularmente, sinônimo de procrastinação.

Para quem faz, sinônimo de preguiça ou crise de abstinência.

Fazer exercício, cuidar da saúde e do corpo, traz inúmeros benefícios, como sabemos.

Posts selecionados do *blog* que deu origem a este livro e de exame.com

Corpo em melhor forma, capacidade cardiorrespiratória melhor, circulação idem. Além destes, autoestima mais elevada e mais disposição (benefícios diretos da endorfina).

Por fim, se nos exercitamos, tendemos a cuidar melhor da alimentação, e também dormimos melhor. Ou seja, um autêntico ciclo virtuoso.

E mais: ao mantermos o hábito e não quebrarmos a rotina de exercícios, retomamos com mais facilidade o ritmo do trabalho, e lidamos melhor com o dia a dia, *stress* e todo um ano que vem pela frente. Ou seja, só temos a ganhar.

Portanto, seja corrida, academia, natação, ioga ou qualquer outra atividade, não importa, mas comece hoje mesmo, ou amanhã cedo.

É viver e praticar para sentir os benefícios. No corpo e na mente.

A saúde do presidente e a nossa

Todo mundo leu sobre a internação de Lula por conta de uma crise de hipertensão.

Em um resumo rápido das causas: volta acelerada demais das férias, privação de sono, agenda atribuladíssima, quase ausência de exercícios físicos, tabagismo, alimentação ruim.

Ou seja, causas e consequências que têm absolutamente tudo a ver com os temas deste *blog*, e com o dia a dia de todos nós que trabalhamos muito. É a autêntica metáfora do "deixe comigo que eu dou conta, que eu mato no peito".

Melhor seria dizer que "me mato no peito"...

Não tem exceção, não tem erro: *stress* + abusos + ausência de cuidados com a saúde = problemas.

Isso vale para mim, para você, para o presidente da república e para todos os seres humanos da face da Terra.

A consequência é clara, mas os sintomas, nem sempre.

Lula poderia ter tido um derrame, por exemplo. E aí, o que seria do atual governo, do plano de sucessão, da eleição presidencial, do dólar etc? Posições políticas à parte, as consequências institucionais seriam muito sérias. Além das pessoais, obviamente.

O segredo está no equilíbrio, pessoal, no velho e bom caminho do meio.

Temos muito o que fazer, temos sempre mais a conquistar e a dar conta do que podemos, portanto, temos que priorizar e equilibrar.

Priorizar os assuntos mais importantes, começando por nós mesmos.

E equilibrar nossa saúde e trabalho com boa alimentação, exercícios físicos regulares, respiração, meditação ou pausas frequentes, boas horas de sono, tempo de qualidade com a família etc.

Nenhum de nós é super-homem. No final das contas, vamos nos dar conta disso de um jeito ou de outro, seja criando consciência agora e agindo de maneira preventiva, seja depois, percebendo que ninguém é insubstituível no trabalho.

Já na nossa família, a consequência de problemas de saúde ou mesmo nossa ausência pode ser bem mais dolorosa.

Pense nisso e faça alguma coisa por você. Hoje.

Competir contra si mesmo?

A cultura corporativa e a dinâmica do mercado atual nos exigem muito e cada vez mais.

Temos de:

- estar bem informados;
- ser analíticos;
- tomar decisões rápidas;
- colaborar, compartilhar e participar de discussões de diversos assuntos;

- fazer todos os itens acima de forma cada vez mais assertiva e profissional.

Além disso, somos sempre comparados com os outros, para nossa avaliação e eventual progresso na carreira.

E, como se não bastasse, nós mesmos nos comparamos com outros, com nossas referências profissionais, com pares, com superiores.

Ou seja, é espada em cima da cabeça o tempo todo.

Sem dúvida, produtividade e agilidade são características inerentes a um profissional de sucesso no mundo de hoje. E a comparação com outros é inevitável. Isso alimenta um senso de competição, de ambição, de busca de crescimento que, se não dosado ou equilibrado de modo devido, pode se transformar em uma competição desenfreada, em uma competição contra si mesmo. Fazer mais, dar mais conta, ser ainda mais rápido, produzir cada vez mais.

Se você compete contra si mesmo, inevitavelmente será perdedor, nem que seja em parte. Poderá perder a saúde, os amigos, o sossego, a família. Poderá, inclusive, se perder na ambição, no vício, na finalidade.

Acho fundamental, e cada vez mais premente nos dias de hoje, fazermos uma reflexão sobre nossos objetivos, sobre o que nos guia, nos impulsiona, para onde estamos indo, para qual direção. E a que custo.

A vida passa rápido demais para acharmos que vai dar tempo de fazer isso depois, ou de curtir mais tarde o que não se pode fazer agora.

A escolha é nossa.

Pessoas e cadeiras

Vejo muitos casos, no mundo corporativo, de confusão entre a identidade da pessoa e a da cadeira.

Estou me referindo a pessoas que se revestem da autoridade de um título, de um cargo, de uma cadeira.

São profissionais de muitos estilos e capacidades, mas que não percebem que não são um cargo ou uma cadeira, e sim apenas estão nesse posto, nesse momento. Momento que até pode durar um bom período, mas que não deixa de ser passageiro.

Posso ser analista, gerente, diretor, presidente ou qualquer outra posição de uma empresa. No entanto, tão importante quanto desempenhar bem tal função é lembrar que tudo pode mudar, que tudo vai mudar.

Vejo duas consequências nesse comportamento ou atitude: uma mercadológica e outra espiritual.

A mercadológica é óbvia: o mercado é um só, e se você criar bons relacionamentos, estes tendem a serem úteis e construtivos em outros momentos, no futuro. É como um LinkedIn (rede social para profissionais) automático, tanto em termos de *network* como de oportunidades e alianças potenciais. O raciocínio inverso também se aplica. Se você é duro demais, individualista demais, as chances de não receber muito apoio no futuro são maiores.

Já a consequência espiritual é bem mais profunda. Primeiro, tem a ver com o princípio budista da impermanência. Todos fazemos parte desse fenômeno. Nosso presente, nossas conquistas, relações, vida. Tudo muda, tudo passa, tudo se transforma, de um jeito ou de outro, mais cedo ou mais tarde. E, claro, com nossa carreira e nosso posto de trabalho (o que estamos, não o que somos, pois não somos...), não é diferente. São trechos da vida profissional em que convivemos mais com certas pessoas, mas que depois passam e são trocados por outros, igualmente passageiros, em maior ou menor velocidade.

Acredito que o que fica, de fato, é um lado tangível (o que produzimos e o trabalho que fizemos), e outro, bem mais difícil de definir. Trata-se de nossa conduta, dos princípios pessoais, do tratamento que damos aos outros, independente de quem eles são (estão) na empresa.

Posts selecionados do *blog* que deu origem a este livro e de exame.com

Existe aí uma ótica de seres humanos, de respeito, de cortesia, que independe de cargo, do que fazemos e de quanto ganhamos. Ou seja, a impermanência é certa nos relacionamentos pessoais e profissionais, mas a imagem e a lembrança que causamos ou levamos, não.

Daí a importância da reflexão, da consciência sobre estar em uma posição profissional, não ser esta posição. A tal diferença entre a pessoa e a cadeira.

Tipos de liderança

Um pouco sobre liderança.

Acredito que existem dois tipos básicos de liderança: a imposta, ou hierárquica, e a espontânea, natural.

A imposta é a mais fácil e comum. Chefes diretos, ordens, deveres, obrigações, respeito imposto como parte do descritivo de cargo. A liderança natural, no entanto, é bem mais elaborada, mais difícil.

Um líder natural é capaz de ouvir os companheiros de trabalho, agir de forma quase sempre democrática, ser gregário, não faltar com o respeito nunca com os demais, independente de posição ou cargo, perceber momentos difíceis dos outros, falar a respeito ou não, levar as demais pessoas para um objetivo comum pelo bom-senso e condução, não pela imposição e hierarquia.

Acho mesmo que uma pessoa, para poder ser classificada como líder, tem de ser ou estar no caminho para se tornar um líder natural.

Mesmo o mais intelectualmente capaz, o mais inteligente, quando lança mão do abuso, quando passa do ponto, quando falta com o respeito, caminha para trás e se distancia de uma liderança natural, humana, eficaz a longo prazo.

E se as empresas devem ser feitas para durar, e seus chefes são impermanentes, sejam eles donos ou não, a liderança natural é seguramente o caminho mais sólido para o futuro de uma empresa. Isso porque os talentos que ficam, que poderão vir a substituir os chefes de hoje, se comprometem com causas, com pessoas, com formas de agir e com culturas empresariais.

Em outras palavras, respeito gera respeito, confiança gera lealdade, visão compartilhada (não imposta) gera cumplicidade e dedicação.

Hoje, amanhã e sempre.

O carisma de um líder

Tive a oportunidade de fazer parte de um grupo seleto de executivos da empresa em que trabalhava, o qual recepcionou o então presidente da época, Lula, e sua comitiva em uma visita à nossa fábrica em Curitiba. Um evento curto (acabou não sendo tão curto assim), simples, composto de um almoço e um rápido *tour* pelo chão de fábrica.

Profissionalmente, foi uma bela oportunidade de testemunhar um pouco do dia a dia, da correria, do séquito e dos procedimentos que cercavam o ex-presidente por meio de sua equipe de cerimonial (na verdade, eram cinco equipes que viajavam o tempo todo e se alternavam, preparando os eventos dos quais ele participava).

Para mim, foi uma experiência muito, muito emocionante. Quem me conhece bem sabe que não sou petista (minha esposa até estranhou meu relato na segunda-feira à noite). O fato é que o carisma de Lula é emocionante. Visões políticas à parte, a espontaneidade dele com o povo, com os colaboradores da fábrica, com as cozinheiras que fizeram o almoço, com todo mundo, enfim, é realmente inacreditável.

Não senti nada como atitude eleitoreira, mas como gestos genuínos de alguém que se preocupava com as pessoas, que distribuía carinho, que sabia que boa parte de sua reputação estava calcada em sua atitude e postura com as pessoas.

Talvez venha daí o tal efeito teflon, aquele que diz que nada de ruim gruda na imagem dele.

Posts selecionados do *blog* que deu origem a este livro e de exame.com

Lula constrói e mantém sua reputação, a qual, com certeza já é maior do que a de um presidente qualquer, como uma pessoa que veio do povo, que fala com o povo, que não esquece de onde veio.

Tive, naquele momento, a confirmação de valores que acho que servem de lição para muitos executivos: a importância da humildade, do tratar bem as pessoas, do olho no olho, do respeito, do interesse pelo outro.

Isso é tão ou mais importante que qualquer *business plan*, estratégia ou resultado a curto prazo, pois a médio e longo prazos, o que faz toda a diferença é a forma como as pessoas se sentem e são tratadas, e o que isso gera de engajamento e lealdade.

Seja na minha ou na sua empresa. Ou no Governo Federal.

Viagens a trabalho

Acabo de voltar de uma viagem de duas semanas fora do escritório, e boa parte da ausência foi motivada por reuniões fora do Brasil. Impressionante como o *stress* pode estar em muitos momentos desse tipo de viagem.

Antes de mais nada, há a pressão de saber que vamos estar fora por alguns dias. Os assuntos que queremos deixar resolvidos, os que sabemos que vamos ter de deixar para depois, o volume de gente com quem temos que falar antes de sair. Tudo isso somado com as providências da viagem, e com tudo que não podemos nos esquecer de providenciar.

Aí vem a viagem ou o deslocamento propriamente dito. Filas nos aeroportos, espera, atrasos, enfim, o que todo mundo já conhece. Mas aí aparecem os imprevistos, para deixar as coisas mais emocionantes. Por exemplo, eu esqueci meu *laptop* com todas as apresentações e todos os meus arquivos de trabalho dentro de um dos aviões, quando saí correndo para pegar outra conexão. Ainda bem que me lembrei a tempo de pedir para pegarem dentro do avião, que ainda estava no mesmo *finger*, e que fui prontamente atendido por uma moça da companhia aérea. Esperei só uns quinze minutos (que pareceram muito mais, nos quais eu só pensava em como iria fazer as apresentações que eram o motivo da minha viagem, sem o *laptop*...), mas, felizmente, tudo acabou bem.

Podemos somar na equação a mudança de rotina, com reuniões de dia, olhadelas constantes no Blackberry para ver se algo de importante entrou na caixa de *e-mails*, e algum tempo à noite para tentar não deixar que o caos seja total na volta, tal o atraso de assuntos.

Aí vêm as forças terrestres, com as tais cinzas do vulcão que deixou quase todo mundo no chão, incluindo este blogueiro que aqui escreve. Partir para plano B, gastar muito mais, comprar outra passagem, rezar para que o espaço aéreo não feche, vontade de chegar em casa de qualquer jeito.

E, por fim, depois de chegar em casa, os primeiros dias no escritório... Com pilhas de coisas para serem lidas ou abertas, caixa de mensagens repleta, *e-mails* atrasados do período da viagem, reuniões de *follow* com o pessoal para saber como estão as coisas. Junto com isso tudo, *jet lag*, sonolência e canseira.

Daí, nada como fim de semana para colocar o sono em dia, tentar zerar as pendências de *e-mail*, organizar a agenda, montar um *follow* e partir para tentar ter novamente o controle das coisas. Pelo menos até que uma nova viagem surja no horizonte...

Moral da história: boa parte desses ingredientes são comuns a todos nós. O segredo é como lidar com eles. Cuidar da alimentação, do sono, se der tempo fazer exercícios físicos, respirar fundo. E ter sempre em mente que tudo isso é passageiro.

Pressão e decibéis

Há algum tempo, participei de uma reunião onde o nível de *stress* estava realmente muito alto. Todo mundo nervoso, preocupado, sobrecarregado, cheio de coisas para fazer. Em um determinado momento da discussão, até ali acalorada, mas respeitosa, a coisa degringolou. Surgiram os gritos, a disputa forçada pela palavra, o quem fala é quem fala mais alto.

Fiquei observando aquilo tudo acontecer na minha frente, e refletindo: O que leva as pessoas a esse tipo de atitude? Será pressão? Defesa? Falta de aceitação sobre a posição do outro? Desespero? Abuso? Ou falta de respeito mesmo?

Não há saída: cada vez mais, temos que lidar com o excesso. Excesso de coisas para fazer, de informações, de reuniões, de *e- -mails*, de projetos, de notícias etc. E ou aprendemos a lidar com isso, e tentamos gerenciar essa verdadeira panela de pressão, ou sucumbimos.

Falo em sucumbir como falha. Falha de produtividade pessoal, ou falha com os outros, na base do berro, do grito, da apelação.

Sem falar no ambiente de trabalho, que acaba refletindo a atitude das pessoas. E as pessoas podem (tendem a) repetir ou reproduzir o tom recebido por elas.

Foi assim que vi, quase que ato contínuo, uma das pessoas que havia participado da tal reunião em que houve alguns gritos, reagir de forma estúpida e grosseira com o seu subordinado, quase que como uma nova forma de falta de etiqueta corporativa...

Para mim, não tem jeito.

Respeito gera respeito. Grito gera grito.

Respeito gera fidelidade. Grito gera *turnover*.

Decisões

Uma vez ouvi de uma pessoa que admiro muito que "o pior defeito de um líder é ser indeciso".

Ele falava da importância da ação, de fazer as coisas acontecerem, logicamente que com análise prévia, mas evitando o risco da pausa excessiva, da falta de posição, de movimento.

Não sei se este é, de fato, o maior defeito de um líder, mas concordo com a importância do tema.

Um líder tem o papel de ouvir, dar ideias, questionar, fomentar, cogitar alternativas durante a fase de desenvolvimento de um projeto. Mas na hora de decidir, quando de posse de todas as informações possíveis, entram aspectos muito específicos em cena. Um deles, de extrema importância, é a experiência, o "já ter feito outros" antes. Muito importante também é a qualidade do time com quem se trabalha, que gera, compila e organiza a proposta de projeto, o que conduz ao momento crucial da tomada de decisão. E há também uma boa dose de *feeling*, de palpite, de fé (os americanos chamam de *leap of faith*, ou salto de fé), que é muito particular, de cada um.

Tudo isso se soma, se integra em um quadro de tomada de decisão. E um líder deve saber agir rápido, pelo bem do trabalho e da produtividade de sua equipe. Mesmo que ele decida dormir sobre a decisão, ou adiar um projeto, é preciso ter transparência e objetividade com o time. Afinal, uma decisão de adiamento é mais efetiva do que uma falta de direção ou resposta.

E, lógico, quando as decisões são de caráter pessoal, envolvendo novos planos, mudanças, pessoais ou profissionais, tudo se torna muito diferente, muito mais complexo. Pois aí entra com força total o lado emocional, que muitas vezes se sobrepõe ao racional...

Nesse caso, as técnicas para tomada de decisão usadas no trabalho podem até ajudar um pouco, mas, no final das contas, grandes decisões pessoais são tomadas a partir de muita reflexão e meditação.

E, novamente (talvez com força muito maior nesse caso), o velho e bom *feeling*.

Hora de mudar!

Tomei a decisão de mudar de empresa, depois de quase sete anos. Nesse período, exerci basicamente duas funções oficiais: diretor de marketing e gestor.

Posts selecionados do *blog* que deu origem a este livro e de exame.com

A verdade, no entanto, é muito maior do que isso: fui aluno, professor, aprendiz, líder, psicólogo, advogado, vendedor, comprador, arbitrador, vencedor, perdedor, capitalista, idealista, entre tantas outras coisas.

Mais do que tudo, lidei com pessoas, com gente, de todos os tipos, de todas as crenças, de todas as intenções, de todas as naturezas.

Uma verdadeira escola de vida, na qual fica bem claro quanto o trabalho é importante, seja pelo tempo investido, pelo impacto no dia a dia, pela remuneração, pelo que nos tornamos.

Sair, partir, deixar um lugar de trabalho é algo complicado.

Meu novo desafio foi muito, muito interessante, e fiquei muito feliz por isso. Mas o coração ficou dividido.

Nesses momentos, metade das emoções são da vontade de ver projetos atuais ficarem prontos, de continuar em contato com tantas pessoas incríveis e especiais de hoje, de um pouco de tristeza pela partida.

E a outra metade é de alegria, de crescimento, do novo, do não descoberto, do que será feito e de todas as novas pessoas que vão cruzar no meu caminho.

Depois de muito refletir e meditar, a hora é de mudar.

Que venha, pois, o novo.

Que venham os novos mares, os novos ventos, os novos movimentos!

E cai o pano!

Encerrei meu ciclo de sete anos de trabalho em uma grande empresa, pela qual tenho grande respeito.

Não vou escrever sobre o processo de desligamento, sobre o que me levou a tal ou sobre como me senti depois (ok, talvez isso mereça algum *post* algum dia).

Quero escrever sobre a reação das pessoas que comigo trabalharam nos últimos dias de empresa. Reações que foram as mais diversas. Do susto inicial ao saber da minha saída ao tchau definitivo, foi fácil ver quem se importou, ou melhor, quem, de alguma forma, foi tocado, transformado pelo tipo de trabalho que tentei fazer. Houve quem chorou, ou de susto, ou por medo de não saber quem ficaria no meu lugar, ou por de fato sentir a minha ausência. Houve os que quiseram entender meus motivos para querer sair, houve os que simplesmente não se importaram. Houve os que vieram conversar, pedir e ouvir *feedback*, conselhos. Houve quem ficou impressionado por minha coragem de largar meu cargo e posição, houve quem me olhou com olhos de acusação como se estivesse largando alguma coisa no meio. Houve aqueles que reagiram bem no início, mas depois mudaram o tom. Houve os que vieram pedir para ir junto, e os que nem se importaram em dar tchau. Houve quem mostrou com clareza querer minha sala, ou meu cargo... Houve quem, explicitamente, sentiu, e verbalizou.

Enfim, como em qualquer cenário corporativo, e imagino eu que quase todo mundo que já passou por isso, houve de tudo.

Da notícia inicial à festa de despedida, reações, sinceras ou não, antagônicas, olhares, palavras, lágrimas e sorrisos, verdades, mentiras.

Vi, registrei e captei tudo, pois acredito que tão importante como começar e aprender é registrar e se despedir. De forma consciente, ativa, reflexiva, observadora. Como parte da experiência, do meu aprendizado, até o apagar das luzes.

Como eu disse na minha última fala para o time: somos todos seres humanos, com sentimentos e reações. O mundo corporativo é o mundo do pensar, mas é preciso também sentir. Temos que buscar o equilíbrio entre o pensar e o sentir, sem deixar de lado o fazer (agir). Isso justifica nosso caminho, nossas escolhas, nossos relacionamentos no trabalho.

Mas sempre com olhos bem abertos, sabendo em quem confiar, seguindo instintos, observando comportamentos iniciais, que dificilmente serão modificados.

Posts selecionados do *blog* que deu origem a este livro e de exame.com

O pano caiu, o ciclo se fechou. Foram comigo meu aprendizado, meu crescimento, meu discernimento e a segurança de que fiz a coisa certa, enquanto estava ali e ao sair. Levei também as lembranças de algumas pessoas que marcaram muito minha vida profissional nos últimos anos, as quais talvez não veja tanto de agora em diante. Com elas, a certeza de que podemos contar uns com os outros sempre que preciso. Este é o verdadeiro *network* de valor.

Isso é o que fica. O resto já não existe mais.

E agora, o novo!

andre@andre.com.br

Quem acompanha meu *blog* sabe que escrevi sobre minha decisão de sair de uma empresa onde trabalhei por bastante tempo.

Além da enorme reação em termos de comentários e mensagens, aprendi que compartilhar minha experiência pessoal e profissional pode ajudar muita gente. E essa ajuda pode ser sob a forma de reflexão, de sintonia, de discordância, de apoio, de discussão.

Eis, portanto, mais um aspecto deste processo que acho importante refletir a respeito: a identidade.

Bem, durante os anos em que fiquei na empresa, fui o André do "Grupo X", ou o André do "X". As pessoas se acostumaram com isso, e de certa forma, eu também.

De um dia para o outro, meu sobrenome mudou.

Muito interessante perceber como me senti, e como as pessoas reagiram à minha mudança.

Acho que, guardadas as proporções, deve ser assim que algumas mulheres se sentem quando se separam, e deixam de usar o sobrenome do marido. Ou talvez seja algo parecido com o que o pessoal que trabalha em uma empresa comprada por outra (e que ainda tem a sorte de ter o seu emprego) se sente ao ter de mudar o sobrenome corporativo, de uma hora para a outra.

Antes de mais nada, meu *e-mail* mudou. Logicamente, tomei o cuidado de avisar minha lista de contatos a respeito disso. Ou seja, o "andre@x.com.br" passou a ser "andre@gmail.com.br" (*e-mails* fictícios), para depois passar a ser o andre@novaempresa.com.br. Entra aí a etiqueta corporativa, pois ainda na empresa "X" eu não podia comunicar todo mundo e mandar meu *e-mail* da Novaempresa... Então, foi uma mudança de sobrenome dupla, em duas etapas, o que, além de *spam*, é meio confuso (e, por mais que eu tenha tentado, acho que não consegui avisar todo mundo que eu queria, ou deveria...).

Depois, teve a natural curiosidade de muita gente para querer saber se "saí" ou "fui saído".

Normal, eu mesmo já quis saber disso sobre outras pessoas, mas é muito engraçado estar do lado de cá, observando a reação das pessoas, bem como sua intenção. Afinal, uma coisa é querer saber para se informar, outra é querer vibrar junto, e uma terceira, totalmente diferente, é querer saber de houve algum problema, algo que causou a tal saída...

Aí tem o lado da fofoca. O que eu fiz, o que fizeram comigo, o que deixei de fazer, o que deveria ter feito, ou que não deveria ter feito, ou sei lá mais o quê. As versões começam a criar vida, múltiplas e antagônicas, divertidas e irônicas. Ainda bem que são passageiras, pois todo mundo tem mais o que fazer, e o assunto nem é tão interessante ou relevante assim.

E então vem o lado da curiosidade, de quererem saber para onde estou indo, o que vou fazer, porque eu quis sair do Grupo "X", o que a Novaempresa tem que me encantou tanto, se mudei para melhor, se meu movimento de carreira é certo, quais os meus planos etc. De novo, comparações externas, opiniões, versões...

A verdade é que essa é uma decisão 100% pessoal. E todo mundo que já passou por isso sabe do que estou falando.

Nunca fui, de fato, o André do "X".

Sempre fui o André, que estava no Grupo "X". Meu sobrenome não mudou, minha conduta não mudou. Nem quando estive lá, nem quando tomei a decisão de sair, nem quando saí.

Posts selecionados do *blog* que deu origem a este livro e de exame.com

Continuo o mesmo, só que com *e-mail*, cartão, endereço e desafio diferentes.

Ou seja, minha essência não mudou, em nada.

O que aumentou foi minha animação, minha disposição em encarar o novo, minha vontade de aprender, de me desenvolver, de colaborar com um novo projeto, ao qual me junto para ajudar e crescer ainda mais.

Stress consciente

Todo início em um trabalho novo é parecido: muito para aprender, muitas pessoas para se reunir, muitas novidades para processar, muitas informações. Lembra um pouco a sensação de chegar em uma cidade do exterior desconhecida, onde você tem pouco tempo e muito para conhecer.

Só que, no caso de um novo trabalho, o resultado é óbvio: *stress*.

Senti isso na pele há algum tempo, logo que iniciei um novo desafio profissional, quando me vi tentando trabalhar mais horas do que devia, forçar minha cabeça além do ponto, querer dar conta de tudo o que tinha que colocar em dia, responder a todos os *e-mails* (o que obviamente não consegui) etc., etc.

Mas passei por isso tudo de uma forma mais consciente, mais atenta em relação a tudo o que acontecia. Lembrei-me de tentar respirar, da importância de manter o bom humor, de que tudo que estava vivendo era consequência de uma escolha, e que estava profissionalmente mais feliz. Lembrei que o início tão intenso passa, que logo as coisas entrariam nos eixos. E comecei a prestar ainda mais atenção a tudo o que estava aprendendo, a tanta coisa bacana a qual estava me expondo.

Tentei, também, me manter fiel à minha rotina de uma alimentação saudável, aos meus exercícios, aos meus momentos de silêncio interior (poucos, é verdade). Viajei mais, o que me colocou ainda mais em cheque quanto à rotina. E me programei para colocar em dia os *e-mails* no fim de semana (ok, talvez essa não seja a melhor tática de combate ao *stress*, mas funciona para mim desse jeito: melhor do que ficar até muito tarde durante os dias da semana, prefiro pegar algumas horas do FDS e zerar as pendências de minha caixa de entrada). E assim posso começar a semana com a vida em dia, pelo menos até as 10 horas da manhã de segunda-feira...

Ou seja, o fato é que estava enfrentando uma carga de *stress* bem maior do que o normal, pelo volume de informações, pelo novo, pela minha vontade e determinação de fazer as coisas do meu jeito o mais rápido possível. Mas a consciência do que estava acontecendo estava muito presente. E isso me ajudava muito a perseguir o equilíbrio no meio da correria, a tentar parar de trabalhar e chegar em casa em uma hora razoável (embora minha esposa discordasse quanto a esse ponto...), a tentar diminuir o ritmo nas horas fora do escritório, a tentar pensar em outras coisas senão tudo aquilo que estava tentando absorver nas (poucas) horas de folga.

Acho que era uma forma de *stress* consciente. Coloco dessa maneira porque é inegável que uma fase como aquela traria uma carga maior de tensão e *stress*, mas é justamente em momentos como esses que penso que temos estar muito conscientes, e buscar o equilíbrio.

A verdade é que a resposta a esse *stress* estava dentro de mim: a forma como lidei com tudo isso e como me percebi, a tentativa de me preservar como uma decisão consciente, apesar de difícil, para me ajudar e me equilibrar.

Como disse Aristóteles: "Seja senhor da tua vontade e escravo da tua consciência".

Para onde está indo seu avião?

Há algum tempo, peguei um voo de Curitiba para Brasília.

Procedimento normal, que todo mundo que viaja a trabalho conhece muito bem.

Correria para chegar ao aeroporto, fila para *check-in*, fila para embarcar, acomodações de malas nos compartimentos, avião cheio, comida (comida?) ruim etc., etc.

Como de costume, separei todas as muitas coisas que tinha que ler ou estudar, e consegui fazer isso até mais ou menos uma hora depois da decolagem. Daí me entreguei a um cochilo desajeitado, com as coisas todas no meu colo, naquela posição de pescoço cujo único resultado certo é um torcicolo depois de acordar.

Acordei não pelo torcicolo, mas pela discussão que estava havendo entre o passageiro ao meu lado e a aeromoça.

O sujeito perguntava como é que aquele avião estava indo para Brasília se ele havia embarcado para Porto Alegre...

Ou seja, apesar das filas, da apresentação da identidade com o cartão de embarque, das inúmeras repetições de para onde o voo estava indo, ele não ouviu, não captou nada. Inclusive notei que ele havia dormido antes mesmo de decolarmos.

Chegamos em Brasília pouco depois do meio-dia, e o próximo voo para ele tentar chegar em Porto Alegre seria às 17 horas...

Comecei a refletir sobre *stress* relacionado ao trabalho, quase que de imediato. O *stress* do acúmulo, do que temos de fazer, do que devemos, mas ainda não conseguimos, dos aeroportos que parecem rodoviárias, dos atrasos, dos ataques de sono e até da falta de atenção absoluta que pode nos fazer parar em Brasília quando queremos chegar a Porto Alegre.

A cena final dizia tudo: ele com a revista de bordo aberta no colo, olhando para o mapa e me dizendo: "É longe mesmo...".

Uma mistura de apatia (pelo menos não era mau humor explosivo), susto e espanto.

Espero que tenha sido um bom momento de reflexão para ele, e para quem quer que chegue a esse limite de cansaço e falta de atenção, possivelmente causados pelo *stress*.

Para onde estamos levando nossas carreiras e nossas vidas?

Podemos fazer alguma coisa para melhorar?

Para onde está indo o seu avião?

SOS entrevista!

Fiz diversas entrevistas durante algumas semanas seguidas, tentando selecionar novos talentos para o time de colaboradores da empresa onde atuava.

E acho impressionante como muitos profissionais cometem erros tolos, que os prejudicam em processos de seleção.

Por conta disso, resolvi listar alguns, tanto pelo *stress* dos entrevistados, como dos entrevistadores (dificuldade em se recolocar *versus* dificuldade em encontrar as pessoas certas).

Então, aqui vai uma lista (não pretendo de forma nenhuma criar um manual ou que isso seja um guia completo, mas sim compartilhar pontos que julgo muito importantes):

1. *Olho no olho.* Pessoas que evitam olhar nos olhos, que falam olhando para baixo simplesmente não passam confiança. Lógico que o oposto também não ajuda, pois pode parecer outra coisa (imposição, flerte etc.).
2. *Respostas diretas.* Não tente enrolar, não responda uma pergunta com uma resposta vaga, ou que não tenha nada a ver com o assunto em questão. Mais do que tudo, não menospreze a inteligência ou capacidade de observação do seu entrevistador. Novamente, o oposto também vale: respostas objetivas demais significam falta de habilidade em engatar uma conversa, ou falta de empatia, ou mesmo falta de tato social/profissional.
3. *Grau de energia.* O melhor perfil técnico não se sustenta se não tiver um bom grau de energia, uma capacidade adequada de instigar interesse. O exercício é óbvio: se durante uma entrevista a energia é baixa ou inadequada, imagine no dia a dia na empresa...
4. *Dr. Sabe-tudo.* Se você sabe tudo sobre um assunto (ou pior, se acha que sabe), cuide para não parecer metido ou cheio de soberba. As chances de contratação de alguém que se porta de forma superior em uma entrevista são bem menores, imagino que na grande maioria dos casos, além do risco de você poder ser percebido como rude ou sem educação.

Posts selecionados do *blog* que deu origem a este livro e de exame.com

5. ***Objetivo a longo prazo.*** A falta de visão ou reflexão sobre onde você quer chegar a médio prazo mostra baixo autoconhecimento, ou falta de planejamento. Pense nisso antes de sentar para ser entrevistado. Você terá benefícios independentemente de ser contratado ou não.
6. ***Fale sempre a verdade.*** Se foi mandado embora, por que esconder? Se teve um problema com seu ex-chefe, melhor abrir o jogo a respeito. Não adianta, de alguma forma esse tipo de coisa sempre aparece, de um jeito ou de outro.
7. ***Demonstre interesse.*** O mínimo que se pode fazer antes de aparecer para uma entrevista é estudar um pouco sobre a empresa para a qual você pretende trabalhar. Ao mesmo tempo, não chegue querendo apresentar um plano estratégico cheio de ideias, para uma realidade que você mal conhece...
8. ***Mostre seu lado pessoal.*** Cada vez mais as personas profissional e pessoal se misturam, se fundem. Portanto, fale sobre o que você gosta de fazer fora do trabalho, sobre o que gosta (e se gosta) de ler, de fazer no seu tempo livre, sobre que tipo de pessoa você é (cuidado para não parecer que você está querendo vender algo que não é).

Por fim, preciso lembrar que não há garantia nenhuma de que, ao seguir essas dicas, você será contratado. Mas, pelo menos, você tem duas vantagens: melhor preparação (e menor *stress*), e maiores chances de criar uma boa (e fundamental) primeira impressão.

Para quem está com ideias de mudança profissional, vale refletir a respeito. Boa sorte!

Blackberry + Transport?

Todo mundo hoje em dia ou tem ou pelo menos sabe o que é um Blackberry.

Todo mundo que tem o hábito de ir para a academia sabe o que é, já viu, ou mesmo pratica o tal Transport, um aparelho que simula um movimento de esqui.

Mas alguém sabe o resultado de Blackberry + Transport?

Um executivo estressado!

Isso foi o que vi num sábado, na academia, enquanto corria.

Lá estava eu, na minha esteira, disciplinado ao extremo para um sábado de manhã de sol, com meu iPod no ouvido, tentando queimar calorias e deixar para trás a correria da semana que passou.

Eis que noto um sujeito no tal do Transport (tive que perguntar o nome do aparelho para poder escrever a respeito, pois imediatamente vi que ali tinha assunto para um *post*).

Ele alternava as passadas e tinha largado os braços do aparelho, e estava lendo seus *e-mails*, digitando sem parar em um Blackberry. Notei que a velocidade das pernas diminuía e aumentava, e ele se debatia entre tentar fazer as duas coisas, ao mesmo tempo. Às vezes até perdendo o equilíbrio.

Provavelmente, não conseguiu fazer nada direito. Nem se exercitar e desconectar, nem produzir e resolver muita coisa de seus *e-mails*. Eu não teria conseguido.

Vi ali a típica armadilha que caímos no dia a dia, que é tentar fazer duas (antagônicas) coisas ao mesmo tempo.

O resultado é quase sempre pífio, senão por um acúmulo certeiro: *stress*, do tipo crônico, típico de quem não consegue desligar.

Nem na academia, nem no tal Transport, nem em lugar nenhum.

Pensemos a respeito.

Se for para trabalhar, vamos trabalhar.

Se for para malhar, vamos só malhar.

Uma coisa de cada vez.

Vamos nos organizar, vamos respirar, vamos nos conscientizar, vamos nos ajudar.

Posts selecionados do *blog* que deu origem a este livro e de exame.com

Sobrecarga

A *Veja* de 8 de setembro de 2010 trouxe dois artigos muito interessantes e pertinentes aos temas do *blog*: "Cérebro sobrecarregado" e "Os inimigos do cérebro".

O primeiro é uma grande coincidência com outro *post* meu, pois trata justamente da sobrecarga que expomos nosso cérebro no dia a dia, tentando fazer mais de uma coisa ao mesmo tempo (como no caso do post anterior).

Diferentemente das crianças da geração atual, os chamados nativos digitais, que parecem ter uma habilidade quase extraterrestre de surfar na web, falar ao celular, ficar no MSN, Orkut ou Facebook, ouvir música e estudar (até parece...) ao mesmo tempo, nós, os executivos e trabalhadores paleozoicos, temos que nos convencer que, se for para fazer bem-feito, temos que fazer uma coisa de cada vez.

Então, preste atenção para não perder o foco de sua atenção tentando, ao mesmo tempo:

- trabalhar no computador e ouvir música;
- trabalhar no computador e conversar com o colega de sala no trabalho;
- trabalhar no computador e falar ao telefone.

Estas são algumas das situações descritas na matéria que, segundo especialistas, sofrem prejuízo de *performance* ou de resultado, em maior ou menor grau de impacto, quando feitas simultaneamente.

Traduzindo: é mais ou menos a sensação que sinto quando estou lendo um documento no computador e meu filho fica me chamando ou perguntando coisas... No terceiro "paiêê" já quase gritado, levo um susto, paro, tento responder ao que ele pede, e tenho de ler tudo de novo...

Já o segundo artigo da *Veja* fala sobre os males causados ao cérebro pelo sedentarismo, poucas horas de sono e *stress* crônico. Eureca!

Brincadeiras à parte, todo mundo que já parou de se exercitar (e que tinha o hábito, o que facilita a percepção do antes e depois), que já passou do ponto (muitas vezes) trabalhando até tarde e dormindo pouco, e que viveu quadros mais claros de *stress* crônico pode se identificar rapidamente com os efeitos descritos.

Não tem segredo ou outra saída: o final da história é sempre o mesmo. Saúde debilitada, produtividade baixa, irritabilidade, limitação antecipada.

É como uma conta-corrente, com créditos e débitos. Temos que buscar o equilíbrio, sair do negativo, manter as contas em dia. E não querer fazer mais de uma coisa ao mesmo tempo, sejam elas trabalho e trabalho (computador e telefone), ou qualidade de vida (sono, esporte, relaxamento) e trabalho (Transport + Blackberry).

E nenhum de nós precisa da *Veja* para nos ensinar isso.

Comida ou escape?

Muitas pessoas com quem trabalho ou já trabalhei acham que sou um ET no que diz respeito à alimentação e hábitos saudáveis.

Quem me conhece sabe que realmente gosto de tentar manter a saúde também na alimentação, e entendo que isso se constrói com consistência e hábito.

Lógico que o caminho mais fácil é sempre pedir entrada, prato principal e sobremesa, se atracar no banquete de uma churrascaria, nunca negar um bom *petit gateau*, comer chocolate durante qualquer intervalo no trabalho, comer tudo o que dá vontade, a hora que for. Mas tudo isso custa caro, muito caro. E é bom refletir um pouco a respeito, dentro da rotina maluca que todos temos, no contexto de cada vez mais, muito mais trabalho. O que pode significar ansiedade, que pode ser descontada na comida, na forma como nos alimentamos.

Posts selecionados do *blog* que deu origem a este livro e de exame.com

Primeiro, o açúcar é um hábito (que tento combater muito durante a semana, já que no fim de semana é bem mais difícil...). Açúcar pede mais açúcar, doce pede mais doce. Nutricionistas explicam isso, e podemos comprovar que uma hora e pouco depois de comer um belo pedaço de bolo com cobertura, queremos mais. É o corpo reclamando que aquela taxa aumentada de açúcar no sangue caiu, e que está pedindo mais.

Segundo, a tal sensação de saciedade, o tempo que demora para o cérebro enviar a mensagem que o corpo já não precisa de mais comida. Se não estivermos conscientes do que estamos comendo, bem como da velocidade com que estamos comendo, sempre acabamos repetindo ou comendo mais do que precisamos, do que devemos.

Terceiro, a escolha dos pratos. Lógico que uma picanha suculenta é sempre mais atraente que um peixe grelhado, mas os efeitos posteriores, a curto, médio e longo prazos são muito diferentes. Desde a sonolência depois de um almoço de negócios, passando pelo peso que aumenta com o passar do tempo, até o colesterol que sobe a níveis críticos.

Quarto, quando mantemos ou perdemos peso, nos sentimos mais dispostos, com autoestima melhor. Isso gera consequências até para nossa disposição e produtividade no trabalho. Sem falar na questão dos exercícios físicos, pois quando nos sentimos bem, queremos aumentar ou estender essa sensação, e a motivação para se cuidar, para se exercitar é maior. Ou seja, o ciclo pode ser virtuoso, ou vicioso.

Tudo isso pode soar como uma receita de vida ainda mais dura, mais chata. Podemos pensar "Já trabalho demais e mereço me dar estes pequenos prazeres...". Afinal, esse tipo de atitude requer, claramente, disciplina.

Mas por que não aplicar em nossos próprios hábitos a disciplina que temos com nosso trabalho, nossas responsabilidades e *deadlines*? Que sentido faz um executivo brilhante quase infartando, com o peso e colesterol acima de qualquer limite aceitável? Onde está o equilíbrio entre o presente e o futuro (comida de hoje e seus efeitos no amanhã), entre o profissional e o pessoal?

Fica a provocação e a carapuça à disposição de quem quiser!

Horas melhores

Há poucos dias, terminei um livro muito interessante, chamado *Rework* (Jason Fried e David Heinemeier Hansson), que traz algumas provocações muito interessantes sobre o *modus operandi* do mundo corporativo, seus vícios, falta de produtividade e consequências.

Entre outras coisas, eles dizem que "você não precisa de mais horas; você precisa de melhores horas". Ou seja, precisamos ser mais produtivos, elencar melhor nossas prioridades, atacar os assuntos estratégicos sem interrupções, conversar sobre banalidades nas horas certas, dar duro nas horas adequadas para poder ir para casa na hora adequada.

Mas a verdade é que muitas pessoas, hoje em dia, seguem a cultura *workaholic* como um sinônimo de *status*, de martirização necessária para fazer parte do time dos executivos que dão o sangue (e suas relações pessoais) em prol do trabalho.

Quanto desse tempo a mais no escritório tem relação real com o volume de trabalho, e quanto com uma autoorganização malfeita, ou com procrastinação?

Longe de mim defender que as pessoas só falem sobre assuntos profissionais no trabalho, mas a questão de foco *versus* produtividade nem sempre é pauta presente no dia a dia das pessoas.

Conheço muitas pessoas que são bons profissionais, mas que sofrem com sua desorganização, com falta de *follow-up*, com falta de foco nos assuntos do trabalho, ou até mesmo com falta de vontade de voltar para casa no final do dia.

Não é preciso largar tudo, mudar de vida, ou mesmo mudar de emprego para melhorar. É uma questão de reflexão e autoavaliação, de planejamento e de controle de tempo.

A tão sonhada aposentadoria na beira do mar está, na verdade, muito longe. Podemos, sim, viver o hoje de forma melhor, repriorizando nossa rotina e lutando para equilibrar melhor as responsabilidades.

Não precisamos mesmo de (e nem temos) mais horas. Precisamos de melhores horas, tanto no lado profissional (produtividade) como no pessoal (felicidade). Sem dúvida, isso ajudará a combater o *stress* e a criar um ciclo mais virtuoso na vida.

Aerostress

Durante uma viagem a trabalho fiquei observando os diferentes tipos de experiências que temos quando estamos viajando a trabalho, e quanto elas podem aumentar o nível de *stress*.

Eis uma lista sucinta do que todos enfrentamos:

- Chegar no horário para o *check-in*.
- Rezar para que o trânsito a caminho do aeroporto não esteja tão ruim.
- Enfrentar uma fila básica para o *check-in*.
- Ver se temos tempo para comprar um pão de queijo ou qualquer outra coisa engordativa antes do embarque.
- Ficar na fila para embarcar.
- Se preocupar se teremos espaço nos tais compartimentos para acomodar a mala que resolvemos não despachar no *check-in*.
- Enfrentar, em alguns casos, o tal do ônibus que nos leva do terminal para o avião.
- Ouvir todos os tipos de conversas dos outros, falando ao celular ao mesmo tempo (e às vezes em volume nada aceitável).

- Esperar pela mudança de portão, no tal "reposicionamento de aeronave".
- Rezar para que a decolagem saia de acordo.
- Rezar para que a turbulência não suspenda o serviço de bordo bem na hora em que estamos para receber o nosso malfadado sanduíche.
- Cuidar para que o passageiro da nossa frente, ao reclinar seu banco, não estoure a tela do nosso *notebook*.
- Rezar para que a turbulência seja passageira.
- Rezar para que o pouso tenha sucesso.
- Respirar fundo na espera interminável da tal fila que se forma depois do pouso, quando todo mundo fica preso dentro do avião, esperando os passageiros das filas da frente conseguirem terminar de coletar suas coisas.
- Prestar atenção para ver se não esquecemos de nada dentro do avião.
- Enfrentar uma fila enorme para pegar um táxi no aeroporto de destino, principalmente se este for Congonhas.

E, como se não bastasse, fazemos isso tudo ao mesmo tempo em que checamos nossos Blackberries, fazemos reuniões a bordo ou tentamos ler documentos importantes separados como "leitura de bordo".

A partir da chegada, ritmo intenso de reuniões, agendas apertadas, negócios a serem feitos. À noite, em um hotel qualquer, a tentativa de colocar o trabalho em dia, bem como a caixa de *e-mails*.

Lógico que alguns de nós se deixam afetar mais do que outros, mas é muito importante prestar atenção, de forma consciente ao que tudo isso causa em nosso corpo, em nossa cabeça. O exercício é válido tanto pelo autoconhecimento e análise do que estamos causando em nós mesmos, como pela constatação do que de fato é importante, do que efetivamente não podemos deixar para depois'.

Isso pode ser muito útil ao voltar para casa, tanto para criar uma rotina de trabalho diferente, como para planejar uma nova viagem de trabalho, ou uma nova sessão de *aerostress*...

Burnout

Participei de um debate na rádio CBN sobre excesso de trabalho e seus efeitos. Éramos eu, na qualidade de blogueiro e profissional observador sobre o tema, um médico psiquiatra, um consultor de negócios e uma especialista em *coaching* profissional. Debatemos sobre vários aspectos ligados a trabalho e *estresse*, até que em certo momento uma médica especializada na Síndrome de *Burnout* (na qual o profissional sofre de um distúrbio psíquico de caráter depressivo, precedido de esgotamento físico e mental, em que uma das causas pode ser o *stress* proveniente do trabalho) fez sua participação por telefone, falando sobre o tratamento para pessoas acometidas por essa síndrome (no caso, ela recomendava psicoterapia e remédios).

No momento adequado, fiz uma pergunta a ela sobre o que fazer em termos de prevenção, ou seja, que tipo de tratamento ela considerava adequado para um quadro antes da síndrome ocorrer. Ela fez menção somente sobre o ambiente corporativo, o controle dos efeitos do meio etc.

Concordo que o ambiente é importante, assim como o líder ou gestor da equipe, responsável pelo ambiente e pela forma como os projetos são tocados e como as pessoas se tratam, se respeitam. Mas acho que a especialista não mencionou a questão mais importante: a atitude de cada um de nós em relação ao excesso, à ameaça do *burnout*.

Este *blog* se chama *Muito Trabalho, Pouco Stress*, justamente porque acredito que não temos como controlar o volume de trabalho em nossas empresas, dadas as condições mercadológicas, de concorrência ou até mesmo econômicas, que podem nos assolar de forma absolutamente incontrolável no trabalho.

O que podemos, com certeza, é focar no equilíbrio entre esse excesso e o que fazemos com nossa saúde. Ou seja, a resposta ao controle do *stress* é individual, tanto sob o ponto de vista dos efeitos do excesso de trabalho em cada um, como sob a ótica do que eu e você fazemos (ou não) para lidar com o *stress*.

Consigo separar um tempo para estar com minha família ou amigos?

Pratico exercícios regularmente?

Tomo remédios para dormir ou para combater quadros de depressão ou ansiedade?

Bebo com moderação?

Tenho descuidado da minha alimentação?

Durmo o suficiente, e tenho um sono de qualidade?

Faço *check-ups* periódicos?

Administro bem meu tempo dentro do escritório para ser produtivo e conseguir sair em horários decentes?

Consigo mudar de canal ou frequência no fim de semana, passeando, lendo livros que não tenham relação com meu trabalho ou praticando meu *hobby*, qualquer que seja?

Essas são apenas algumas das questões relacionadas à prevenção do *stress*, à uma postura ativa contrária a um quadro de *burnout*. E todas elas podem ter respostas que são resultado do que fazemos, de nossas decisões e hábitos pessoais.

Ninguém sofre de *burnout* da noite para o dia. A tal síndrome é resultado de um processo intenso e relativamente longo de desgaste, sobre o qual reagimos, ou não.

Por que não utilizar metade que seja da determinação que aplicamos no trabalho para cuidar de nossa cabeça, saúde e espírito?

O livre-arbítrio é a chave para o que seremos amanhã, começando pelos hábitos que queremos criar ou combater, e chegando até mesmo à decisão de trocar de trabalho.

Posts selecionados do *blog* que deu origem a este livro e de exame.com

Ou seja, posso delegar a responsabilidade ao ambiente onde trabalho. Posso aguardar para ver se terei o *burnout* e quando necessário apelar para os remédios e para a psicoterapia, de acordo com a recomendação da especialista.

Acredito que o *burnout* é, sem dúvida, um dos destinos possíveis na trajetória profissional de qualquer um. Mas certamente não é o único e nem o que alguém escolhe de maneira consciente.

Prefiro agir na prevenção, na eterna busca do equilíbrio. E você?

Stress emocional

Andei sumido por algumas semanas por uma razão pessoal muito chata: perdi meu pai.

Um daqueles momentos na vida da gente em que a ficha custa a cair, em que a tristeza é muito, muito grande – e continua sendo.

Mas percebi, a duras penas, que o trabalho é um ótimo aliado nesse caso. O *stress* do trabalho chega a fazer falta, tal a sua pequena importância quando comparada com uma perda como essa.

Tentar trabalhar, pensar em outras coisas, se forçar a produzir, tudo isso ajuda a mudar um pouco o canal.

É uma tentativa de sobrepor o racional ao emocional.

Tem horas que dá certo, tem horas que não tem jeito.

Pela primeira vez na minha vida, senti os efeitos físicos do *stress* emocional. Algo que vem como uma locomotiva desgovernada, e te derruba de cara no chão, sem eira nem beira.

Salve-se quem puder.

Perdi o meu foco habitual por uns dias – trabalhar, só se fosse em coisas leves. Resolver problemas? Ah, deixa para depois. Problemas? O que é um problema quando se passa por uma situação dolorida como essa?

Os efeitos do lado emocional desgastado são assustadores.

Mas percebi a importância da disciplina. A disciplina de se jogar para fora da cama para ir para o escritório, de acordar cedo e ir para a academia ou ioga para obter um pouco de endorfina (bendita) ou tranquilidade (ainda que passageira). A disciplina de não apelar para um remédio qualquer, e sim se jogar em uma piscina, em uma corrida na rua, em uma esteira.

Sempre escrevo e falo muito sobre consciência. Vivi um exercício profundo de consciência nessas últimas semanas: o que se passava comigo, o que ainda se passa. E enxerguei o livre-arbítrio da forma mais cristalina possível.

Posso escolher beber para escapar, apertar a tecla "lasque-se" (para não escrever outra coisa), me alienar, me autopiorar ainda mais.

Ou não.

Afinal, não tenho como controlar a vida ou a morte do meu pai, mas tenho como tentar trabalhar a minha aceitação, e como tentar equilibrar os efeitos desse imenso *stress* emocional com sono, exercícios, meditação, choro e muita, muita fé.

Escolhi tocar a vida, ir em frente, acreditando que a ferida se cicatriza um dia.

Até lá, ainda mais disciplina e autoconhecimento.

Comer, andar, embarcar

Nesta semana me vi em uma daquelas situações de filme, antagônica ao tema do *blog*.

Congonhas, fim de tarde, depois de uma hora e meia básica dentro do táxi para chegar ao aeroporto, ainda sem almoçar.

Meu dia tinha começado às 6h30 da manhã, de reunião em reunião.

Para completar, temperatura de quase 30 graus, eu de terno e gravata.

Ah, e a TAM estava impedida de vender passagens, então a fila básica do *check-in* da Gol estava especial...

Posts selecionados do *blog* que deu origem a este livro e de exame.com

Resolvi tudo, fiz *check-in*, passei pelo detector de metais (nunca entendo por que tenho que tirar o cinto em alguns lugares e em outros, não), e fui para o meu portão de embarque. Tinha alguns minutos para embarcar, então consegui passar pelo banheiro e comprar um sanduíche para um almoço tardio, pois me sentia um etíope. Assim que me sentei para comer em uma das poucas cadeiras disponíveis na sala (do que parecia uma rodoviária), enquanto mal e mal sentia o sabor do sanduíche pensando no pouco tempo que tinha para comer... Chamaram para o embarque!

Quando me dei conta, eu estava na fila do embarque, andando e puxando minha mala com uma mão, segurando meio sanduíche com a outra (sendo que nesta também estavam o cartão de embarque e o meu documento de identificação), e a garrafa de água estava charmosamente colocada no bolso do meu paletó. Àquela altura, minha gravata já estava aberta, eu suava e dava mordidas cada vez maiores para terminar o sanduíche antes de entrar na delícia do ônibus de Congonhas, que nos levaria até o avião.

Cena do filme: Muito Trabalho, Muito *Stress*!

E a moça que estava na minha frente disse: "Essa é a vida que a gente leva!".

A partir daquele ponto, fui descascando todos os pontos de incômodo: joguei fora o sanduíche, coloquei a água na minha mala, embarquei, entrei no avião, tirei o paletó, sentei na minha cadeira com a minha água e meu livro, respirei.

Essa é a vida que a gente leva?

Para o trem que eu quero descer!

Prefiro a consciência, a tentativa do caminho mais sadio, a boa alimentação, o exercício, a meditação, o tempo com a família, a boa leitura, a boa música. Tudo isso junto com muito, muito trabalho.

Gosto muito do meu trabalho, do que faço, mas também de mim mesmo, da minha saúde, do meu bem-estar.

Voltei para casa, abracei meus filhos, minha mulher, tomei um bom banho.

Dia seguinte, escolhi dormir pouco e fui para minha aula de ioga.

Depois? Trabalhar e trabalhar.

Mas mais feliz por perceber e buscar meu equilíbrio.

Férias conectadas?

Reportagem do *Valor Econômico* de 10 de janeiro de 2011: "Com a antena conectada até nas férias".

Resumo: executivos que, de tão acostumados com o ritmo frenético do dia a dia no trabalho, com a conectividade o tempo todo (*smartphones*, *notebooks* etc.), não conseguem mais se desligar, mesmo em férias.

A protagonista da reportagem, 41 anos, assume sua dependência e conta uma passagem de sua vida pessoal que, para mim, é de arrepiar: viagem para a Índia, 2006, proposta de 21 dias de retiro, objetivo de descanso, desconexão e reflexão. Sabem quantos dias ela conseguiu ficar sem checar os *e-mails* em uma *lan house* próxima ao local do retiro? Três! Três dias ou 72 horas! Na Índia, no meio de suas férias, de uma proposta pessoal de retiro e de busca de equilíbrio! A partir da primeira ida à *lan house*, foi várias outras vezes, para checar seus *e-mails*, acompanhar assuntos do escritório. Enfim, para se manter conectada ao mundo do trabalho, ao seu mundo No meio da Índia, durante seus 21 dias de férias.

Outros comportamentos mencionados na reportagem:

- Não conseguir passar um dia sequer sem checar mensagens de *e-mail* do trabalho (incluindo férias ou fins de semana).
- Durante as férias, executivos respondem *e-mails*, leem notícias setoriais, participam de discussões de temas do trabalho com colegas do escritório.
- *Notebook* e celular embaixo do braço, durante os passeios de lazer.

Posts selecionados do *blog* que deu origem a este livro e de exame.com

- *Smartphone* como despertador que, após tocar de manhã cedo, faz o profissional checar as novas mensagens antes mesmo de sair da cama.
- Sintomas de angústia ao acessar a caixa postal, como medo de ter deixado de responder algum *e-mail* importante no *timing* adequado (que *timing* é esse, durante as férias?)

Três conclusões importantes, ainda da matéria:

1. Perdemos a noção do importante e do urgente. Como usamos *e-mail* para tudo, muitas vezes mandamos *e-mail* em vez de ligar, confundindo a priorização de ações por parte do interlocutor. E sofremos com isso também na nossa caixa de entrada.
2. A falta de respostas imediatas, em uma cultura de informações frenéticas e aceleradas, característica da geração *workaholic*, pode parecer desinteresse profissional.
3. O círculo vicioso da conectividade o tempo todo pode prejudicar o descanso e o tempo com a família.

Alô?

Tem alguém me ouvindo aí?

Quem acompanha o meu *blog* já leu alguma coisa escrita por mim a esse respeito?

Não fiz nenhuma pesquisa com amostragem significativa ou coisa do gênero, portanto não posso concluir nada estatisticamente.

Mas posso atestar: estamos vivendo uma levada doente nos ambientes de trabalho.

Stress é o mal crônico do século 21, e nós, profissionais alucinados, somos as vítimas potenciais dessa síndrome.

Há algum tempo falei com uma colega de São Paulo, que me justificou o fato de não termos feito uma reunião prevista para o mês passado porque a outra pessoa que participaria da tal reunião estava afastada por três semanas por *burnout* (excesso de trabalho + *stress* = estafa ou *tilt*).

Vamos acordar para a realidade, pessoal.

A resposta está em cada um de nós: o livre-arbítrio de definir nossos limites, até onde estamos dispostos a sacrificar a vida pessoal, familiar e a saúde pelo trabalho.

Lógico que todos queremos crescer profissionalmente. No entanto, alguma coisa está muito errada quando não se pode deixar de acessar *e-mails* durante as férias.

Pode ser que o erro esteja com você, que precisa aprender a se desligar pelo seu próprio bem e saúde. Ou com a empresa onde trabalha, que prega uma cultura de competitividade a tal ponto que associa descanso com desinteresse nos temas do trabalho. Ou seja, seu trabalho é facilmente intercambiável pelo de outro, caso você não cuide de sua presença e velocidade nas discussões e entregáveis do escritório, mesmo durante as férias! Somos tão substituíveis assim? Que tipo de dinâmica é essa entre empresas e executivos?

Até que ponto isso tudo se encaixa em sua vida e no seu estágio atual de carreira?

Coleira eletrônica?

O *Estadão* de 17 de fevereiro de 2011 trouxe uma matéria sobre a "flexibilização" oferecida pelos *smartphones* para os executivos.

Quando li a tal matéria, no meio da correria de uma semana muito intensa, fiquei pensando nos possíveis sinônimos para a tal "flexibilização". Vício? Neurose? Conexão o tempo todo? Paranoia?

Na matéria, uma das pessoas entrevistadas fala que o celular inteligente facilita a vida, mas que é também uma "coleira eletrônica".

Coleira eletrônica?

Posts selecionados do *blog* que deu origem a este livro e de exame.com

Somos, então, cães guiados? Ou seres monitorados por rastreador?

Ou a tal coleira eletrônica é autoaplicada? Serão as empresas os algozes ou os executivos alucinados os próprios causadores de suas obsessões?

Coleira eletrônica? Você precisa disso?

Consegue ter autocontrole e desligar sua "coleira" quando sai do trabalho ou quando chega em casa?

Quem está no controle: você, a empresa onde trabalha ou sua própria paranoia de não deixar nada atrasar?

Fica a reflexão, para cada um de nós.

Prefiro curtir minha família, ir para a academia, ou ler um bom livro.

Coleira?

Temos que acordar: muito menos *stress*, equilíbrio no trabalho e na conectividade, mais saúde e qualidade vida.

Ponha a coleira no seu cachorro e vá passear no parque com a família, isso sim!

Organização, relatórios & Cia.

Quanto mais trabalho e mais experiências acumulo, mais vejo a importância de me focar no relevante, no estratégico, no prioritário.

Tenho sempre menos tempo do que gostaria, e cada vez mais entregáveis para dar conta.

Novas ideias dão mais trabalho, novos projetos, ainda mais. Mas se não pensarmos e fizermos o novo, corremos o risco de sermos superados, engolidos pelos concorrentes, pelo mercado, pelas novas tendências.

Aí vem o dilema: qual o limite entre estruturar processos, na tentativa de colocar a casa em ordem, e burocratizar, desfocando do relevante? Pensando na origem de palavras do nosso dia a dia, como organização (ato de organizar, empresa ou instituição) ou relatórios (uma série de relatos), pondero sobre o limite saudável de empregar controles e arrumar a casa, ou passar do ponto e parar de pensar e produzir para somente reproduzir informações sobre a empresa e seus produtos.

Acredito que a técnica, a teoria, sirva para nos guiar, para nos aprimorar como gestores, mas acho que há limites. A organização não pode se sobrepor à criatividade, o processo não pode ser mais importante que o resultado. Os fatos podem e devem ser apurados e organizados até o ponto em que não se perca o *timing* de mercado, ou o impacto de uma nova iniciativa, pela necessidade de rodar novos cenários para dar conta de todas as possíveis variações de resultado.

O segredo é o velho e bom caminho do meio, que nos auxilia a manter a mente empreendedora acesa e aplicada, ao mesmo tempo que nos apoiamos em guias e procedimentos que alinham, ajudam na orientação e organização de etapas, projetos, cumprimento de prazos e orçamentos.

Precisamos equilibrar *feeling* com fatos e dados, análise com velocidade, políticas e procedimentos com criatividade e valorização de talentos.

Acho que aí reside um dos grandes segredos de sucesso das empresas. E dos profissionais que as fazem.

Waiting for superman

Recentemente, assisti ao documentário *Waiting for superman*, dirigido por Davis Guggenheim, sobre o desafio da educação americana, suas falhas, vícios, desvios e possíveis soluções. Um documentário sensacional, muito emocionante.

Mas o exemplo e a iniciativa de Geoffrey Canada, um educador americano, é o que mais mexeu comigo.

Geoffrey personifica um exemplo vivo do ir além, do tentar fazer diferente, do enfrentar as resistências, do fazer o que seria impossível aos olhos de muitos.

Quantos Geoffreys conhecemos? Quais as pessoas, com quem trabalhamos e convivemos, que realmente querem fazer mais, ir além?

Quanto de Geoffrey reconhecemos em nós mesmos? Quanto estamos dispostos a enfrentar, a lutar, a brigar, para sair do ordinário, do lugar comum, do já feito, do usual?

Quanto do seu trabalho, da sua dedicação, das inúmeras horas semanais está sendo investido em um projeto sério, transformador, que cause mudança, que faça diferença no seu segmento de atuação e na sociedade? Quanto do *stress* que acumulamos para dar conta de muito trabalho está voltado para ajudar a fazer do mundo um lugar melhor?

Estamos seguindo a corrente, sendo apenas levados pela maré, ou estamos construindo alguma coisa, começando por nós mesmos, nossa carreira, nossa vida, nosso entorno?

Estamos eternamente esperando por um super-herói para resolver a questão ou estamos no comando, ativos e atuantes, em nossa carreira e vida?

As respostas são individuais, e tenho refletido muito sobre as minhas, mas a provocação é para todos, é coletiva.

Who's waiting for superman?

Técnica não é tudo

Certa vez entrevistei um(a) profissional que parecia perfeito(a), tecnicamente.

Vocabulário, expressão verbal, *network*, assertividade, dedicação, carreira em primeiro lugar, foco, potencial de realização e entrega, parecia que tudo isso estava diante de mim. Mas, durante o tempo todo da entrevista, me perguntava onde estavam as falhas, as fissuras, as incertezas, as dúvidas daquele perfil profissional, da pessoa por trás da *persona* profissional.

Sempre que entrevisto alguém, busco entender o sentido do currículo que está em minhas mãos, as razões de mudança, as eventuais inconsistências, os principais aprendizados. E sempre acho que ser verdadeiro é o melhor caminho, para o profissional e para a empresa. Afinal, todos nós tivemos pequenos desvios, dúvidas, eventuais períodos sabáticos maiores do que queríamos, opções erradas etc. Tudo isso ao mesmo tempo em que também conduzimos grandes projetos, que lideramos missões especiais, que coordenamos, assumimos, entregamos, realizamos tanta coisa em nosso passado profissional.

Todos temos falhas. E devemos demonstrar, debater, aprofundar a respeito no momento em que esse tipo de questionamento surge em uma entrevista. Logicamente que isso tem de ser equilibrado com o que julgamos ter de melhor ou mais pertinente para a posição. Mas não tem jeito: o encaixe só é bom se a verdade acompanha, desde o momento da entrevista inicial.

Em tempo: acabei optando por não contratar a tal pessoa, preferi um perfil mais equilibrado, a qual conseguiu me apresentar e me passar uma percepção mais completa, mais verdadeira de si mesmo(a), que pareceu equilibrar melhor suas competências profissionais com suas características pessoais.

Técnica não é tudo.

Tempo

Não é foco, não é produtividade, não é esforço, não é recurso financeiro.

Acho que a maior escassez de todos nós é tempo.

Tempo de poder ler com calma.

Tempo de poder analisar com calma.

Tempo de poder planejar com calma.

Posts selecionados do *blog* que deu origem a este livro e de exame.com

Tempo de poder respirar com calma.

Tempo.

Olho para a minha vida como a de muitos: correndo atrás da agenda, em filas de aeroportos, em reuniões que se acumulam, em mensagens não lidas na caixa de entrada, em projetos que gostaria de ter mais tempo para poder fazer de um jeito ainda melhor, em conversas com colegas nas quais gostaria de poder ajudar mais.

Somos todos escravos de um mesmo senhor: o tempo.

Queremos dar conta de todas as reuniões, de todos os relatórios, de todas as análises, de todos os entregáveis, de todas as possíveis alianças e parcerias. Somos escravos da tecnologia, dos Blackberries e iPhones, do *e-mail*, das redes sociais, da necessidade de estarmos bem informados.

Mas e o tempo para a família, para nós mesmos, para um bom livro, para meditar, respirar, se cuidar, refletir, se exercitar, se preservar, se renovar?

Tempo para planejar não a próxima semana, mas o norte da vida, a direção da carreira.

Tempo para escrever sobre o que se sente, não o que se deve analisar.

Tempo para desenvolver um plano de mais conforto espiritual.

Tempo para escrever um *post* mais inspirado, quando se tem tanto para colocar em dia.

Hoje, consegui priorizar esse tempo.

Gripe!

Acordo cedo, saio correndo, faço exercício, tomo banho e café, saio correndo de novo, trabalho a manhã toda, reunião atrás de reunião, caixa de *e-mails* enchendo a olhos vistos, pausa para o almoço, saio correndo (de novo), vou para o aeroporto, voo longo com trabalho para por em dia, chego de madrugada, reunião no dia seguinte cedo depois de cinco horas de sono, correria o dia todo, avião de novo, alimentação meia-boca, volto para casa com mais trabalho, *follow* do que tem de ser posto em dia, tentativa de responder aos *e-mails*, plano do que vou fazer no dia seguinte e... Dia seguinte, acordo gripado!

Novos ingredientes, então: dor no corpo, coriza, mal-estar, espirros, olhos inchados, caixa de lenço de papel junto com o Moleskine e o celular.

Na verdade, nem consegui ficar em casa para dar um tempo, mas fiquei pensando no que tenho feito com meu corpo com essa correria, no que muitos de nós fazemos com o excesso resultante do trabalho e de nossas agendas insanas. No escritório, lutava entre a tentativa de concentração e os lenços de papel.

E ainda tive que deixar de lado a academia, para não cavar uma pneumonia. Digo "tive que", pois sou viciado em endorfina, e me senti ainda pior pela abstinência da minha endorfina diária.

Conclui alguma coisa? O que já sabia: que o ritmo está intenso demais.

Mudei alguma coisa? Ontem à noite brinquei muito com meus filhos, para repor a ausência da semana, do pai que saía gripado de dia e voltava podre à noite, só querendo cama.

E hoje? Bem, hoje já estou melhor. E vou para a academia!

Follow-up

Um dia desses, fiz uma sessão de *feedback* com uma pessoa que trabalha comigo, e o assunto mais importante foi o tal do "*follow-up*". Minha principal observação e sugestão para essa pessoa foi a atenção quanto ao *follow* dele, ao dar conta e tirar da frente o mais importante, a perseguir e atualizar sempre sua lista de entregáveis.

Acho que essa é uma qualidade muito importante no profissional de hoje em dia, que quer ser bem-sucedido e crescer na carreira ou na empresa onde está. Afinal de contas, estamos cada vez mais

Posts selecionados do *blog* que deu origem a este livro e de exame.com

atolados de coisas para fazer, ler, processar, analisar e entregar. *E-mails*, relatórios, propostas, documentos, revisões, ligações, agenda apertada: todos temos problemas comuns. Mas, por vezes, condutas diferentes.

Acho que estar com uma lista de *follow* em dia dá trabalho, mas gera muito menos *stress*.

Sabemos o que temos de fazer antes, o que estamos devendo, exatamente o que nos aguarda quanto entramos no escritório (não que o imponderável não nos surpreenda em muitos dias).

Esses tempos reli *Os 7 hábitos das pessoas altamente eficazes*. Todos os sete hábitos (seja proativo, comece com o objetivo em mente, primeiro o mais importante, pense ganha-ganha, procure primeiro compreender e depois ser compreendido, crie sinergia, afine o instrumento) guardam alguma relação com a importância de um *follow* benfeito, tanto pelo nosso próprio trabalho, como pelo impacto que isso tem no dos outros, no que fazemos ou deixamos de fazer e como isso impacta no trabalho dos outros.

E o ciclo é virtuoso ou vicioso, não tem jeito. Organização e tenacidade, ainda que signifiquem algumas horas mais longas e trabalho fora de hora, trazem autoestima e satisfação (quase uma sensação de *higiene profissional*) e vontade de fazer mais e melhor. Já a falta de *follow* traz desorganização, ausência de norte, intempestividade e dedicação no que pode não ser o mais relevante, fora a sensação de estar sendo engolido.

Quem me conhece sabe que dedico umas duas horas do meu domingo, no fim do dia, para tentar colocar a vida em dia e programar minha semana. É um hábito que me ajuda muito, a ponto de hoje minha mulher já saber que esse tempo meio que faz parte da minha profissão. Mas isso não vem da empresa na qual estou ou da função que desempenho. É uma escolha que me ajuda a produzir mais, a me sentir melhor, a gerenciar meu *stress*.

Qual a sua escolha?

Férias!

Quando saio de férias é sempre assim: dois momentos de *stress* – o da saída e o da chegada.

Na saída, parece que o mundo vai acabar. *E-mails* de todos os tipos, reuniões acumuladas, ligações que precisam ser retornadas, e um monte de gente querendo fazer listas de assuntos sobre tudo o que pode acontecer durante o período de férias (que é, logicamente, muito menor do que 30 dias).

Na chegada, a montanha de *e-mails* que sempre nos aguarda, os entregáveis que precisam ser retomados, as pendências que não conseguimos dar conta antes das férias, e a retomada do ritmo normal.

Passei pela primeira fase, com muita coisa para fazer, muitas outras planejadas para a volta. Mas durante os últimos dias, fiquei pensando em como é importante parar um pouco, se preparar para a pausa, respirar, curtir a família, se renovar.

E não adianta antecipar a volta – ela virá, no tempo certo.

Certa vez, tive a infeliz experiência de ter de ficar conectado ao Blackberry durante minhas férias, recebendo ligações em filas de parques na Disney, vivendo um paradoxo tolo de ter minha família ao meu lado e eu ao telefone, tentando (e não conseguindo) discutir uma estratégia para uma concorrência que a empresa onde trabalhava estava participando. Tive de ficar um dia inteiro no *business center* do hotel, revisando um documento, no ar-condicionado gelado. Resultado? Além do dia perdido, quatro dias de gripe e mal-estar. E, para completar, perdemos a tal concorrência no final das contas. Prometi para mim mesmo nunca mais cometer esse mesmo erro.

Por isso, antes de pensar na volta e no que me aguarda, aprendi a me focar nos dias de descanso, de curtição com a família, com o plugue fora da tomada. Dias de pouco trabalho e pouco *stress*, ou quiçá de zero trabalho e quase nada de *stress* (a não ser por aeroportos, escolha de restaurantes ou a decisão do que visitar em uma cidade desconhecida vida difícil).

Tempo de refletir, de renovar, de recarregar. Tempo merecido.

Posts selecionados do *blog* que deu origem a este livro e de exame.com

Chávez, Jobs e Gianecchini

Não é poder, não é intelecto fora da curva, não é fama, não é dinheiro.

A coisa mais importante que todos temos se chama saúde.

Vejam os três casos citados:

1. **Hugo Chávez.** Ditador, obcecado pelo poder e por sua permanência no poder, por mandar e desmandar, por ir contra tudo e todos. Qual seu maior inimigo? Os Estados Unidos? As empresas estatizadas à força? O povo revoltado? Nada disso. Seu maior inimigo é seu corpo, sua doença. Essa é sua grande batalha, contra a qual nada adianta o poder, a decisão à força, a coação.

2. **Steve Jobs.** Gênio, um das melhores cabeças já existentes no mundo da inovação e dos negócios, obcecado por fazer diferente, por vencer, por negociar, por triturar concorrentes. Já conversei com pessoas que trabalharam diretamente com ele dentro da Apple e me contaram que não se podia pegar o mesmo elevador com ele, sob pena de uma sempre temida pergunta: "O que você faz aqui?". Se a resposta fosse titubeante, incompleta ou não convincente, a resposta era sempre a mesma: "Não mais", com o crachá sendo arrancado ali mesmo, em uma demissão sumária. E o que Jobs poderia fazer com seu império, com sua exigência com os outros, com seu *market share*, com o valor de suas ações, com sua capacidade de inovar? Não muito. Sua luta era por sua saúde, pelo fio de esperança e vitalidade que ainda restavam.

3. **Gianechini.** Celebridade, galã, ícone de beleza masculina. Centenas de capas de revistas, novelas, comerciais, badalações, fama. O lugar que muitos gostariam de chegar. E o que é o mais importante para ele hoje? Qual o papel mais importante que ele luta para conquistar? O de protagonista de uma vida saudável.

Esses três casos me fizeram refletir muito sobre o foco de nossa atenção no dia a dia (Poder? Novos clientes ou projetos conquistados? Fama? Dinheiro?), e sobre a fragilidade disso tudo em face da verdade inescapável a que todos estamos sujeitos: precisamos de saúde para tentar perseguir esses e outros ideais.

E quanto dedicamos a cuidar de nossa saúde? Qual a prioridade deste tema que deve vir antes de todo o resto, dado os três quadros descritos?

Qual a última vez que você fez seu *check-up*? Como está sua alimentação? Como está o hábito dos exercícios físicos? E o consumo de álcool? E o hábito da pressão, da quinta marcha engatada sempre? E o sono? E a qualidade de vida? E o grau de felicidade no trabalho e na vida pessoal?

Fica a provocação para a reflexão. E para a mudança.

Não podemos fingir que não vemos, ou somente rezar e pedir para que não seja conosco.

É preciso priorizar, e agir.

Esvazie sua xícara

Nan-in, um Mestre japonês durante a era Meiji (1868-1912), recebeu um professor de uma universidade que o procurou para perguntar sobre a perspectiva Zen.

Nan-in serviu chá.

Encheu a xícara do visitante e continuou a servir, sem parar.

O professor, vendo a xícara transbordar, não conseguiu se conter: "Está transbordando. Não há mais espaço!".

"Como esta xícara", disse Nan-in, "você está repleto de suas opiniões e especulações. Como posso lhe mostrar sobre a perspectiva Zen sem que você antes esvazie sua xícara?".

Quantas vezes fazemos isso no ambiente de trabalho? Ou mesmo em casa, em uma discussão?

Participei de uma reunião em que as pessoas claramente estavam neste modo operante: escutar por educação, sem arredar um milímetro de seu ponto de vista original. Uma delas, lutando para manter seu espaço, falava cada vez mais alto e mais rápido, como se isso fosse neutralizar o bombardeio externo (naquele momento, a educação foi sendo deixada de lado, até minha interferência).

Lembrei-me da parábola Zen, e de como estamos nós sujeitos a andar ladeira acima no *stress* do escritório com o excesso de informações, e a falta de intenção de, verdadeiramente, aceitar e aprender com as opiniões e ideias dos outros.

Pode ser na nossa própria equipe, no contato com profissionais de outras áreas, na discussão com parceiros ou fornecedores, ou até mesmo em um mesa de negociação. A escuta ativa, o respeito e a comunicação efetiva passam pela aceitação do outro, pelo olhar de fora para dentro, pela ótica ou perspectiva externa, por uma xícara pessoal vazia.

Como está a sua?

Perdeu o seu machado?

"Um homem que havia perdido seu machado suspeitava do filho do vizinho. O menino andava como um ladrão, se parecia com um ladrão, e falava como um ladrão. Depois de alguns dias, o homem acabou achando seu machado, perdido no meio de um bosque em que havia trabalhado recentemente. Quando reencontrou o filho do vizinho de novo, ele andava, se parecia e falava como qualquer outra criança." (tradicional história alemã)

Tenho falado bastante sobre propriocepção em algumas reuniões recentes (propriocepção = sensibilidade própria aos ossos, músculos, tendões e articulações e que fornece informações sobre a estática, o equilíbrio, o deslocamento do corpo no espaço), mas no sentido da autopercepção, da consciência e interpretação que temos sobre nós mesmos e os outros, suas ações e reações.

Afinal, como na história alemã descrita acima, temos uma lente sobre nossa percepção: o que achamos de nós mesmos, das pessoas com quem convivemos, das situações, sejam elas pessoais ou profissionais. Essa lente pode estar sintonizada com a verdade para mais ou para menos, refletindo o que queremos enxergar ou o que ocorre de fato.

Posso ter uma ideia muito clara sobre mim, mas a forma como os outros me enxergam pode ser bem diferente. Posso me achar acessível, mas passar uma imagem dura, de soberba. Posso perceber o outro como alguém que tem algo contra mim, mas na verdade essa tinta existe somente na minha interpretação. E assim por diante

Agora levemos esta rápida análise para o trabalho, e para nossas relações profissionais.

Começando com o velho princípio da comunicação efetiva (emissor e receptor), a chance para confusão e ruído já é grande quando pensamos nas palavras e nas diferentes formas de expressão. Se somarmos a correria e o excesso de informações de hoje em dia, a coisa se complica. Se somarmos as lentes da percepção de cada um, temos um verdadeiro palco pronto para desalinhamento.

Indo adiante, a questão da verbalização é fundamental. Não posso achar, tenho de checar. Se faço isso com informações de mercado ou dados de relatórios, por que não fazer com mensagens não muito claras de pessoas com quem trabalho? Por que preciso que meu chefe me chame para resolver certas situações de ruído e conflito, se eu mesmo posso fazer isso ao adotar uma postura mais proativa? Por que dou como verdade o que percebo ou ouço falar, se posso verificar diretamente com a fonte? Lógico que me refiro a pratos limpos, e não a confronto.

Por fim, a curva de experiência. O que vivo hoje deve ser acumulado de forma consciente no meu funcionamento e modo de agir. Se passei por um ruído ou problema com alguém hoje, como posso fazer para que isso não aconteça de novo? "Colocar tudo por escrito" não é uma boa resposta, pois me refiro a relações pautadas em aprendizado e confiança, fundamentais para o desenvolvimento de equipes e execução de estratégias das empresas.

Posts selecionados do *blog* que deu origem a este livro e de exame.com

E o que isso tem de ligação com o *stress*?

Muito, muito mesmo.

Melhor comunicação, maior autoconhecimento, sensação de pertencimento e confiança no time de trabalho são condições muito mais propícias para o controle do *stress*, para mais produtividade.

E, então, alguém aí perdeu o seu machado e anda buscando culpados?

4 P's do Stress no Trabalho

Todos nós já lemos ou estudamos sobre os 4 P's do Marketing – produto, preço, promoção e ponto de venda. Esses quatro aspectos dos estudos mercadológicos foram cunhados por Jerome McCarthy, professor da Universidade de Michigan, em 1950.

Mas, e os 4 P's do *stress* no trabalho, alguém conhece ou ouviu falar? Muito provavelmente não, até porque acabo de criar este paralelo...

Todos lidamos, de uma forma ou de outra, com estes 4 P's fundamentais do *stress* no trabalho. Alguns os administram de forma mais equilibrada, outros nem tanto. Certos profissionais absorvem menos seus efeitos, outros chegam a adoecer por conta disso. As reações, formas de lidar, estratégias de prevenção e de correção são certamente diferentes de pessoa para pessoa. Idem para as diferenças nas organizações, que possuem posturas e políticas muito diversas em relação ao tema. Mas uma coisa é fato: todos lidamos com estes 4 P's de forma inegável em nossas rotinas, carreiras e trajetórias profissionais.

- **Pessoas.** Este é certamente o primeiro e mais importante P. Por vezes, esquecemos que somos (e que estamos tratando com) seres humanos. Passamos do ponto, abusamos do ritmo, nos engalfinhamos em disputas (por vezes desnecessárias) com outros profissionais. Seres que têm emoções, razões, racionais e reações diferentes das nossas. E o jogo corporativo fica ainda mais desafiador com opiniões conflitantes, posturas agressivas, comportamentos simulados, fofocas, encenações, complôs, cascas de banana, agendas duplas, interesses etc. Tudo isso vem no pacote Pessoas, e colabora muito para o nosso *stress* no trabalho. Pessoas diferentes têm perspectivas (outro P secundário) diferentes, por diferenças na origem, criação, família, costumes, formação, experiência profissional e história de vida. Temos em comum o mesmo código genético, mas nossos pensamentos e reações são fundamentalmente diferentes em muitos casos. No trabalho, em que somos pagos para produzir, temos de criar uma convivência civilizada com pessoas muito diferentes de nós, salvo raras exceções. Somos pagos para produzir o que se espera da função que ocupamos, quem sabe até superando as expectativas, o que pode nos gerar ascensão de carreira e novas oportunidades. Mas tudo isso depende de outras pessoas, além de nós mesmos. Pessoas que trabalham conosco, seja nosso chefe, seja nossos pares ou colaboradores de equipe, fornecedores, clientes, investidores. Pessoas com quem podemos colaborar de forma produtiva ou não, que podem nos ajudar ou não, que podem nos atrapalhar ou não (e o inverso é absolutamente verdade).

Pare para pensar em quanto do *stress* proveniente do seu trabalho está diretamente ligado às pessoas: a reação inesperada de um colega, um rompante do chefe, o comentário mal digerido de um cliente, uma discussão acalorada por conta de um projeto, uma reação destemperada que você não esperava ter.

Somos (e temos de ser) profissionais. Mas, antes disso, somos *pessoas*. Temos, sim, de saber reagir, saber administrar, saber levar, saber jogar para crescer e prosperar. Mas isso não quer dizer que não sintamos todos os efeitos dessa lida, deste desafio diário de conviver, aprender, ensinar ou mesmo ter que aturar outras pessoas não por escolha, mas por necessidade, para passar a maior parte do nosso dia, no trabalho.

- **Processos.** Para uma empresa crescer e prosperar ela deve desenvolver processos. É parte inegável das necessidades do crescimento, do aumento de porte, de mais pessoas trabalhando com os mesmos objetivos, às vezes em múltiplos locais, em diferentes línguas, com diferentes culturas. Processos significam a estrada pavimentada para que estas pessoas, os profissionais, possam produzir aquilo que é esperado de sua função, de forma orquestrada e sinérgica. Algumas empresas têm processos para tudo. Outras, para quase nada. Os dois cenários podem causar *stress*. Se trabalho numa multinacional ou empresa mais burocratizada e quero implementar algo novo, em geral estou preso a processos e procedimentos, que são a forma de manter a organização *organizada*. Ao mesmo tempo, se na empresa em que trabalho não existem processos e cada um faz as coisas como bem entende ou acha que deve, as chances de caos são enormes, bem como perda de oportunidades, acúmulo de problemas, entre outras consequências. Tudo isso causa *stress*, seja porque quero fazer mais e não posso, ou porque não consigo na velocidade que quero ou que o mercado exige.

  Podemos levar isso para casa, podemos nos consumir, descontar isso nos colegas ou subordinados, na família, ou na saúde. O grau de convivência construtiva que temos com os processos de nossas empresas reflete muito sobre quão estressados estamos ou podemos nos tornar.

- **Produtividade.** A partir da convivência (construtiva ou não) com outras pessoas e com os processos da empresa, podemos ser mais ou menos produtivos. Nosso objetivo é sempre a maior produtividade possível, o que traz com ela o *stress* gerado pelas demandas e pressões por desempenho, o eterno dar conta de mais e mais projetos e afazeres no trabalho.

  Tecnologia? Está aí para nos ajudar a ser mais produtivos. *Fato.*

  Mas também para nos controlar e nos viciar, para nos manter plugados no trabalho o tempo todo. *Fato.*

Queremos ser produtivos. Somos pagos para isso. E se não conseguimos produzir como esperado? Mais *stress* ainda. Pressão para chegar lá (onde?), interna de nós mesmos ou externa: do time, do chefe, do cliente ou do mercado.

E a produtividade também pode ser entendida como os entregáveis finais do nosso trabalho: o lucro (P de *profit*), a conversão do novo cliente (*prospect*), a manutenção do cliente atual (parceria), entre outros. Todos com seu grau inerente de exigência e *stress* gerado, no ambiente do trabalho e em nossas vidas pessoais.

- **Prazos.** Por fim, o P que sempre nos acompanha como uma espada sobre a cabeça: o prazo. Temos prazos para tudo; *deadlines* e cronogramas, datas a serem cumpridas e calendários nos vigiando o tempo todo. Sonhamos com o momento em que um projeto estará entregue, esquecendo que, quando isso chegar, teremos vários outros na pauta. Com mais e mais responsabilidades no trabalho, temos de ser multifuncionais.

Como ainda não inventaram uma forma de flexibilizar o tempo, e como os prazos nos exigem, empurram e medem nossa produtividade e entrega, o que fazemos? Trabalhamos mais. Invadimos as noites, abortamos o tempo da academia, emendamos o almoço no trabalho, abrimos mão do tempo com a família, levamos trabalho para o fim de semana, produzimos no avião, no banheiro, na sala de espera ou até dentro do carro. Temos de cumprir, de dar conta, de entregar no prazo. Tudo isso com o *stress* como efeito diretamente proporcional.

Pessoas, processos, produtividade e prazos – quatro aspectos fundamentais do trabalho, do crescimento econômico e do sucesso no mundo dos negócios. Quatro forças motrizes ou elementos-chave na geração do *stress* do trabalho, o *stress* ocupacional que pode invadir nossas vidas pessoais, nossa saúde, nossa sanidade, nosso propósito de vida. E que podem retornar com igual força e impacto no resultado das empresas: em suas pessoas, em seus processos, em sua produtividade e em seu cumprimento de prazos.

Quatro P's que podem ser absolutamente construtivos ou destrutivos, no âmbito individual, empresarial e da sociedade como um todo.

Profissionais platinum

Esta semana eu estava em Congonhas, no meio da tarde, esperando meu vôo para Curitiba. *Check-in* feito, fui conferir meu portão de embarque. Vi que tinha mudado (logicamente) e me peguei sabendo exatamente onde era o novo portão, somente pelo número, sem precisar olhar para a sinalização. Fiquei pensando em quantos outros profissionais, como eu, sabem exatamente onde são os banheiros, a ordem dos portões, o restaurante, a farmácia, a livraria antes e depois do embarque, entre outros detalhes do aeroporto. Como um *software* instalado na cabeça, conheço a planta baixa e os serviços de Congonhas decor... Sinal de memória fotográfica ou GPS interno privilegiado? Nada disso. Sinal de muitas, muitas viagens a trabalho. Sinal de grande convivência com *stress*.

Quem viaja muito por conta da carreira sabe o que é a alegria e emoção da primeira viagem a trabalho. A gente se sente importante, como que recebendo o passe de um clube de profissionais especiais, privilegiados. Isso dura uns bons dois meses. Depois, o foco do privilégio muda, quando o que queremos é poder ter um cartão de crédito que nos permita usufruir de uma sala VIP, para poder ter mais espaço, comer alguma coisa e usufruir de um serviço especial. Bem, isso era no passado. Agora, as salas VIP que ainda existem têm pouca ou quase nenhuma comida, disputa por lugares para sentar e o risco de perdermos o avião caso haja uma fila grande para passar pelo raio X.

Tenho colegas que se gabam de ter o tamanho exato de mala para não ter que despachar, para não perder tempo no *check-in* ou na saída do aeroporto (muitos deles também têm aquele tique nervoso de apertar o botão de fechar da porta do elevador, para ganhar sete preciosos segundos...). Alguns gostam de chegar bem cedo ao aeroporto, para poder esperar com calma pelo chamado de embarque, sem deixar chance para o trânsito pesado, um acidente no caminho ou a fila exagerada do estacionamento. Outros se orgulham do seu *timing* perfeito e parecem ser viciados na adrenalina de chegar em cima da hora, passando pelo *check-in*, fila do raio X e portão de embarque como pilotos de Fórmula 1.

Quando a gente viaja muito, conhece o significado da palavra fila. Fila para fazer *check-in*, fila para o raio X, fila para o café, fila para o embarque, fila dentro do avião, fila para sair do avião, fila para o táxi. Fila é sinônimo de civilidade. E também de *stress*, nestes casos.

E os anúncios de "reposicionamento de aeronave"? Grupos de executivos, de um lado para outro nos aeroportos, correndo para ver quem fica antes na nova fila. Hoje em dia não basta chegar cedo. Temos de torcer para não perder um bom lugar na fila se mudarem o portão...

Entremos no capítulo comida e nutrição. Sanduíches, pães de queijo, salgados, coxinhas: um *buffet* de colesterol nos cafés dos terminais. Dentro dos aviões, sanduíches (se não tiver turbulência justamente quando estamos esperando, famintos, o malfadado "sanduba", e o serviço de bordo tiver de ser interrompido...), batata frita em pacote, amendoim ou bolacha doce. Menu perfeito para um executivo estressado.

Aí entra o capítulo educação: alguns falam ao celular como se estivessem em casa, e temos de nos esforçar para não acompanhar a conversa. Outros ficam com o celular escondido, depois que a porta foi fechada, escrevendo mensagens até quase serem denunciados antes da decolagem. Depois da decolagem, há sempre o risco da pessoa da nossa frente reclinar o banco inesperadamente, quase estourando a tela do *notebook* em que estamos trabalhando.

Este é um ponto comum: é cada vez mais raro ver executivos lendo livros que não tenham ligação direta com o trabalho. Há os que desmaiam quase imediatamente, de exaustão. Há os que lêem os livros técnicos, de autoajuda, ou as biografias de grandes executivos de sucesso. E há os que trabalham, lêem relatórios, preparam ou revisam apresentações. Um bom livro, daqueles que nos transportam para outro (e melhor) lugar, que mudam o nosso canal cerebral, estes são cada vez mais raros de serem vistos nas mãos dos viajantes a trabalho.

Daí vem a adrenalina do pouso. Em Congonhas, Santos Dumont e Navegantes, sempre rezo para que dê tempo de frear, e penso em como é possível autorizarem pistas "curtas". E se o avião arremete? Metade do avião rezando, outra se benzendo. Olhares cúmplices, pensativos, amedrontados.

Lembro-me de uma vez que vinha do Rio de Janeiro para Curitiba, há uns dois ou três anos. Sexta-feira à noite, quase 21h, eu louco para chegar em casa, ver minha família, querendo pegar meus filhos acordados. O vôo tinha atrasado umas três horas, e quando estava em tempo de começar a descida, o comandante avisa que não tem teto, que o aeroporto está fechado, e que seguiremos para Porto Alegre. Eu, na saída de emergência, tive um lampejo Michael Douglas (em "Dia de Fúria"): pensei em abrir a porta de emergência e saltar ali mesmo... Tudo bem. Dois segundos depois, refeito da alucinação, mas muito, muito irritado e cansado, me controlei para aguentar as filas que viriam a seguir, a noite num hotel de quinta categoria no centro de Porto Alegre, a muda de roupa que eu não tinha. Cheguei em casa mais de meio-dia de sábado, cansado e louco por um bom banho...

Mas normalmente conseguimos pousar, e quando tocamos o chão (benzadeus), o avião fica taxiando por um tempo e às vezes não para no *finger*. Imediatamente (esteja no *finger* ou não), fila com todo mundo se espremendo no corredor, esperando em pé uns bons cinco a dez minutos, enquanto o cotovelo de um espreme a barriga do outro, ou a mala de fulano quase se apoia na cabeça do cicrano ao sair do compartimento de bagagens... Se não estivermos no *finger*, mais um ônibus básico até o terminal.

Saindo do aeroporto, seja porque chegamos em nosso destino para o trabalho ou em casa novamente, seguimos com os compromissos do trabalho e de noite encontrarmos o quê? Mais trabalho! Trabalho no quarto do hotel ou em casa, para colocar as mensagens da caixa de *e-mails* em dia, retomar pendências, se preparar para o dia seguinte, para os compromissos da semana, para a próxima viagem.

Muitos de nós somos categoria ouro ou diamante, cartão vermelho ou preto nos programas de fidelidade, embora seja cada vez mais difícil usar nossas milhas para emitir os trechos que queremos para lazer (porque as companhias aéreas não disponibilizam quantidade suficiente de assentos ou trechos interessantes, ou, pior, porque não conseguimos nos ausentar do trabalho para tirar férias...). Somos, então, *platinum* em milhas, em viagens a trabalho, em manter nossas carreiras em ascensão, em tentar dar conta do volume crescente de trabalho e de deslocamentos. *Platinum* como profissionais. E como seres humanos, pais, mães, filhos, maridos, esposas, amigos? Somos o quê? *Platinum* ou *Ausentum*? *Presentum* ou *Lixum*?

Executivos e a culpa

Esta semana participei do programa Conta Corrente, da Globo News, cuja pauta girava em torno da importância de metas para o desempenho profissional e também da culpa como gatilho de motivação e responsabilidade para o desenvolvimento de líderes.

A pauta do programa mencionou uma pesquisa feita pela Universidade de Stanford (http://www.gsb.stanford.edu/news/research/leadership-guilt-flynn.html) que, resumidamente, indica que profissionais que se sentem culpados tendem a ter maior responsabilidade com o trabalho e seus entregáveis, o que tem correlação com potencial para o desenvolvimento de características de liderança. O raciocínio é simples: o profissional mais engajado, que se sente culpado por algo não estar indo bem no trabalho, tende a ser mais presente e proativo em tentar resolver os problemas que o fazem se sentir desta forma. Ao demonstrar este tipo de comportamento, começa a despontar como um líder em potencial, por agir com proatividade, demonstrar engajamento, vestir a camisa e agir com mais foco para defender os interesses da empresa.

O programa, de trinta minutos, passou voando, e quase não deu tempo para elaborar sobre a importância das metas, tampouco sobre a questão da culpa. Mas acho que este último tópico vale um mergulho mais aprofundado.

Em primeiro lugar, é fato que o profissional de hoje em dia é sempre devedor, nunca credor. Essa eterna e onipresente dívida que nos acompanha se transforma em culpa em muitos casos. Mas que dívida é essa? Existem dois tipos. A primeira é a dívida profissional, pois quase nunca conseguimos estar com nossos entregáveis em dia, estamos sempre correndo atrás, trabalhando até mais tarde, lutando para cumprir com *deadlines*, fazendo malabarismos para conseguir cumprir com a multiplicidade de funções e expectativas que a carreira profissional e as empresas demandam hoje em dia. Já o segundo tipo de dívida é a pessoal, aquela que nos abate quando saímos do trabalho e chegamos em casa. Via de regra, estamos atrasados, ausentes, não conseguimos participar do evento na escola das crianças, chegamos mais tarde no jantar de família, estamos cansados e, portanto, pouco interessados nas conversas, ou não conseguimos deixar de lado o *smartphone* e os assuntos do trabalho, mesmo fora do escritório...

O resultado é dívida. Dívida por não conseguir estar em dia com o trabalho, dívida por não conseguir estar em dia com a vida pessoal e com a família. Essa dívida vira culpa, que pode ser um motor construtivo ou destrutivo. Se construtivo, nos força a ser mais produtivos no trabalho, a tentar equilibrar melhor nossas agendas profissionais e pessoais (incluindo aí a leitura de uma coluna como esta em Exame.com sobre Trabalho e *Stress*...). Se destrutiva, a culpa pode nos induzir a comportamentos mais radicais e até precipitados, que vão da apatia (pela falta de saber o que fazer) às decisões de ruptura, como um pedido de demissão, a decisão de mudança de emprego ou o fim de um casamento.

Em segundo lugar, o profissional de hoje tem inúmeros vetores de culpa em seu dia a dia no trabalho. O chefe que é exigente demais (e a nossa expectativa de estar à altura desta exigência), o novo cargo recém-assumido (e o medo calado de não estar conseguindo dar conta do novo patamar e das novas responsabilidades), a gestão da equipe (e o eterno fantasma de não saber equilibrar o braço exigente com o braço acolhedor e humano), a safra de problemas diários (e a expectativa de infalibilidade que é característica dos ambientes corporativos), o colega que ocupa uma posição como nosso par (e a chance de ele conseguir dar conta melhor do todo e ser promovido antes de nós), o atendimento ao cliente (e o temor de não termos feito o suficiente na opinião dele), as habilidades interpessoais (e o quanto não sabemos lidar com certas situações, absolutamente novas), os horários de trabalho estendidos (e a preocupação com o que podem pensar se sairmos mais cedo, mesmo já tendo terminado tudo o que devíamos naquele dia), a abordagem de um *headhunter* (e o fantasma de deixar a equipe na mão se não estivermos na empresa dali a algum tempo). Todas estas situações, entre muitas outras, são gatilhos potenciais de culpa, de dúvida, de eventual questionamento interno sobre o que devemos ou não fazer, como devemos agir, o que devíamos ter feito, e por aí vai.

Em terceiro e último lugar (literalmente), existe a culpa individual pelo descontrole da vida pessoal. A forma física que se foi há um bom tempo e que o espelho não nos deixa esquecer, os excessos de comida ou de bebida alcoólica, a academia que pagamos e não frequentamos, de novo, a falta de tempo para ler um bom livro, a ausência de um *hobby*, a irritação constante pelo *stress* no trabalho que nos faz reagir de forma intempestiva e inadequada com familiares e pessoas que não têm nada com isso, o distanciamento dos amigos, a procrastinação como *modus operandi* em tudo que não engloba assuntos do escritório, a falta de autoconhecimento e análise pessoal do direcionamento de vida, do propósito, do que queremos construir e deixar como legado. Tudo isso (e muito mais) orbita na nossa culpa pessoal.

Ou seja, é culpa que não acaba mais. No trabalho, na vida pessoal, com a família.

Posts selecionados do *blog* que deu origem a este livro e de exame.com

Mas, pergunto: Qual o gatilho real desta culpa? A causa é o que queremos, de fato, realizar no âmbito profissional ou o que achamos que esperam de nós? O gatilho é interno ou externo? Somos causadores ou vítimas deste redemoinho? Protagonistas ou coadjuvantes deste enredo de culpa e *stress*?

Como sempre, acho que as respostas são individuais. Meu objetivo é estimular reflexão e debate. Mas deixo aqui uma dica, ligada diretamente ao tema do Conta Corrente: a importância das metas. Metas são trampolins, *check-points* ou linhas de chegada importantíssimos para o equilíbrio da vida profissional e pessoal. Até que ponto quero chegar em minha carreira? Qual posição quero conquistar? Em quanto tempo? E qual o custo de oportunidade desta meta na minha vida pessoal? Estou disposto a pagar este preço? Estou aberto a encarar este desafio não com culpa, mas com determinação e consciência sobre minhas perdas e ganhos? Como disse John Kennedy: *"Não vamos tentar consertar a culpa do passado; vamos aceitar nossa responsabilidade pelo futuro"*.

Exemplos para os nossos filhos

Em uma palestra recente que fiz para um grupo de executivos, uma das perguntas ao final foi sobre os modelos mentais que estamos criando para nossos filhos. A pergunta dizia respeito a que tipo de referência, como pais, estamos sedimentando para nossos pequenos (e não tão pequenos) em relação ao ritmo de vida, ao tempo com a família, à velocidade do dia a dia, ao espaço dedicado às coisas mais importantes, ao modo como enfrentamos a rotina de trabalho e o *stress* diário. Compartilho, então, algumas reflexões e conclusões sobre o tema.

O primeiro ponto é o do paradoxo do "pai poupança". Como pai (ou mãe) e profissional, nos dividimos entre o que queremos proporcionar para nossos filhos no futuro e o que queremos viver com eles no presente. Tarefa difícil, pois querer proporcionar mais significa, em muitos casos, maior dedicação ao trabalho. Ou seja, estar menos em casa, ter menos tempo com eles – *hoje*.

Na tentativa de fazer tudo ao mesmo tempo, o desafio é o da cabeça e da alma presas, pois se gosto do que faço e o que faço me exige muitas horas no trabalho, quando chego em casa trago um fio invisível que segue me conectando ao trabalho. O resultado é que, muitas vezes, estou em casa somente de corpo presente, porque ou a cabeça continua nos assuntos do escritório ou estou tão acabado que mal e mal tenho energia para conversar com minha família... O tal "pai (ou mãe) poupança" abre mão do tempo de hoje para um ideal ou hipótese de tempo que *talvez* ocorra no amanhã, quando *talvez* ele não tenha saúde, não esteja mais aqui ou não tenha mais a família por perto para usufruir do que construiu.

Outro aspecto diz respeito ao "pai plugado" e à constante convivência com o fantasma (vício) da mobilidade. Com os *smartphones*, quantos de nós chegamos em casa após um longo dia no escritório e, depois do jantar (ou durante?), conferimos a caixa de entrada de *e-mails*? Existe algum assunto que, de fato, não possa esperar para ser resolvido na manhã do dia seguinte? E nos finais de semana, quem não puxa o celular para dar uma olhadela nos *e-mails*? Lógico que existem as exceções, os deadlines imperdíveis, os projetos extraordinários. Mas precisamos acessar nossos *e-mails* o tempo todo?? Será tão difícil usar o final de semana para se desconectar e curtir os filhos e a família?

Há também o "pai descarga". Aquele que traz para casa somente suas sobras, o resto do resto de seu dia, e que despeja isto na família e nos filhos. Sai sempre cedo, passa o dia no trabalho e quando volta, vem somente com o resto: angústias, nervosismo, *stress*, irritação, impaciência, cansaço. Muito se fala em tempo de qualidade com os filhos, mas onde está a priorização desse tempo se o desafio mais difícil, para muitos, está na presença *real*. Não a presença física, somente, mas aquela em que estamos de corpo e alma, sentados no chão, atentos, cativados, encantados com nossos pequenos, com suas brincadeiras, seus comentários e suas reações. Porém, estamos sempre correndo, sempre devendo, sempre cansados. E usamos, de forma recorrente, o nosso melhor para o trabalho.

Posts selecionados do *blog* que deu origem a este livro e de exame.com

E os "pais descompensados"? Aqui entram dois comportamentos: os excessos de comida e de bebida e os presentes exagerados. Presentes exagerados são, em geral, sintomas de ausência, de peso na consciência. Pais ausentes apelam para presentes tentando recomprar créditos de presença ou laços de importância não demonstrada corriqueiramente...

Já outros, com a pressão diária de tentar dar conta de um volume cada vez maior de trabalho, encontram na comida ou na bebida uma forma de indulgência ou descanso. Com uma mentalidade de "pelo menos este luxo eu posso me dar", se excedem na comida, nos jantares, no tripé usual de entrada/prato principal/sobremesa. Fins de semana viram banquetes contínuos, em que os exageros são rapidamente percebidos na balança depois de algum tempo. Quando acompanhamos a comida da bebida, o perigo aumenta mais. Clubes de vinho, *happy-hours*, degustações e tantas outras ocasiões são convites para o lazer, para o escape à pressão. Nada demais se levado como lazer. Mas o risco está no hábito, na fuga. Precisar do álcool para desligar a cabeça ou para aguentar o tranco é criar um problema muito maior. E o mais triste: estes comportamentos são observados muitas vezes de forma silenciosa pelos nossos filhos, testemunhas vivas de nosso desequilíbrio.

Volto à pergunta do final da palestra: que modelos mentais estamos criando para nossos filhos? Ninguém pode acreditar que não influencia direta e profundamente seus pequenos, por menor que seja a convivência. Adultos descompensados, excessivamente plugados, que sacrificam o tempo do hoje pelo amanhã ou que descarregam na família o seu pior vão criar que tipo de adultos futuros? Que tipo de comportamento imaginamos que nossos filhos terão ao nos acompanharem enquanto vivemos nossa vida profissional e pessoal nesse piloto automático maluco?

Não existem fórmulas mágicas ou soluções prontas. O desafio é de todos nós: diário, inclemente, real. Temos que ser competentes no trabalho, dar conta de nossos desafios profissionais, ao mesmo tempo em que temos que buscar o equilíbrio, tentando ser bons pais, presentes, amigos, modelos, que educam e impõem limites.

Como dar conta disso tudo? O início da resposta, certamente, está no autoconhecimento, na autoanálise de cada um de nós, como profissionais, como pais, como seres humanos. Podemos pedir ajuda, podemos reorganizar nossas prioridades. O que não podemos é fingir que não é conosco, que não agimos desta forma, que não somos espelhos para nossos pequenos. Pois o tempo passa rápido, mas as impressões e modelos que deixamos para nossos filhos, não.

Para finalizar, reproduzo uma redação impressionante do filho de 10 anos de um leitor aqui do *blog*, que me enviou seu testemunhal de reflexão sobre vida pessoal *versus* profissional, a partir do texto de seu filho, escrito como dever de escola. Fiquei muito impactado com a lógica, objetividade e ótica do menino, um verdadeiro sábio entre nós, executivos ensandecidos com tanto a aprender sobre o equilíbrio entre trabalho e família, sobre conquistar e crescer, sobre ter e ser.

O que é um adulto?

Um adulto é um ser quieto que só trabalha, trabalha e trabalha. Um adulto trata seu trabalho com muito carinho, amor e cuidado. Alguns adultos só sabem passar o dia no computador. Mas eles, poucas vezes nos dão a vez. Eles falam que é trabalho, mas acho que todas nós, crianças, achamos que eles brincam no computador.

Os adultos sempre fazem a mesma cara no "trabalho". Cara de que não gostam... cara de enjôo. Para eles deve ser muito ruim ganhar dinheiro. Todos os adultos gostariam de ganhar dinheiro sem trabalhar. Eu acho que os adultos são de pesos, tamanhos, e cores diferentes. Mas o modo de pensar, trabalhar, falar e até andar é igual... É... andar também! Eles andam como profissionais do trabalho. Mas se eles não gostam de trabalhar, por que usam o trabalho para se promover? Bom isso nunca vamos saber, né? Só quando crescermos.

Para onde você está conduzindo sua carreira?

Tenho falado muito, em palestras e com clientes, sobre condução e planejamento de carreira, dois temas que têm tudo a ver com *stress* e qualidade de vida. A abordagem não traz nada de muito novo ou revolucionário, a não ser uma cutucada forte no tripé iniciativa/autoconhecimento/disciplina. Vamos a ela.

Acho espantosa a falta de iniciativa de muitos profissionais. Ao mesmo tempo que aplicam todo seu rigor e tenacidade no trabalho, no que deve ser feito e entregue, na pontualidade e dedicação profissional, pouco ou nada fazem por sua vida pessoal e seu planejamento de carreira. As semanas viram rotinas tediosas de esforço profissional e reclamação pessoal, sem que se faça muito para mudar, para transformar, para redirecionar o trabalho, a carreira e também a vida pessoal. Não está feliz com seu trabalho? Não está aprendendo nada de novo? Tem produzido pouco ou quase nada que se orgulhe? Sua remuneração está aquém do que acha que seu trabalho vale (aqui o exercício de bom-senso é ainda mais importante)? Não se sente sintonizado com seu emprego atual, com o time com quem trabalha ou a empresa onde atua? Se você respondeu "sim" a qualquer uma das perguntas anteriores, responda à esta: o que você tem feito, nos últimos 90 dias, para mudar esta situação?

O primeiro passo é um exercício profundo e verdadeiro de autoconhecimento, de autoanálise. O que gosta e o que não gosta do que faz hoje no trabalho é um começo. Mas tem que ser por escrito. Escrever cria outra dinâmica, pois, além de exigir mais reflexão, gera registro e possibilita reavaliação posterior. A partir da constatação do que gosta e do que não gosta, comece a pensar (e a escrever) sobre o que quer mudar. Aqui, com o autoconhecimento, entra o planejamento de carreira. Ao lado de cada intenção de mudança, crie uma coluna para o "como", tentando descrever o que você precisa fazer para iniciar o processo de mudança (exemplo: se quer deixar de lado as tarefas burocráticas da sua posição, você pode: (a) tornar isso oficial junto ao seu chefe ou RH da empresa e se candidatar a uma nova função; (b) fazer uma pós que poderá gerar um *upgrade* profissional, e assim por diante).

Só que não adianta nada começar a planejar as mudanças se você não sabe para onde quer ir. É preciso estabelecer um objetivo de médio prazo. Aonde você quer chegar em três a cinco anos na sua carreira? Um exercício muito interessante, que pode preceder o estabelecimento dos objetivos, é a avaliação do grau de satisfação com sua posição atual, na perspectiva de cinco anos atrás. Ou seja, se voltássemos a 2007 e você fosse planejar sua carreira para dali a cinco anos, você colocaria seu *status* atual de trabalho e carreira como um objetivo a ser perseguido? Se não, o que poderia ter feito de diferente? A partir desta primeira parte, comece a delinear mais claramente aonde quer estar em 2017, quais seus objetivos, o que precisa mudar e o que precisa fazer para colocar seu plano de ação em prática.

Outro ponto que me assusta é a falta de disciplina que as pessoas têm com sua vida pessoal e carreira. Isso diz respeito ao equilíbrio entre trabalho e *stress*, entre vida profissional e pessoal, entre situação atual e planejamento de carreira. Acredito que se colocarmos algo como 20% ou $1/5$ de nosso foco e disciplina profissional na vida pessoal, no planejamento de carreira, certamente teremos mais chance de sucesso e felicidade. Um bom exercício para o plano de ação, e que tem ligação com a questão da disciplina, é o do SWOT pessoal. SWOT, como se sabe, vem do inglês *Strengths/Weaknesses/Opportunities/Threats* (Pontos Positivos/Pontos Negativos/Oportunidades/Ameaças). Os dois primeiros são perspectivas internas e os dois últimos, externas. Fazemos isso para produtos, serviços, análises de cenário e etc. Mas o exercício aqui é colocar você e sua carreira como pontos centrais. De novo, por escrito, de forma honesta e com iniciativa. Quais são seus pontos positivos? E os negativos? Estes dizem respeito ao seu aspecto interno, ou seja, você como profissional. E na perspectiva externa, do cenário, do entorno, quais as oportunidades e ameaças em sua carreira? Aqui entram os aspectos ligados à equipe que você tem, à sua empresa, ao segmento onde atua. A partir disso, o que você pode fazer para minimizar seus pontos negativos e maximizar as oportunidades no ambiente externo? Tudo isso é parte de planejamento de carreira. Para funcionar, tem que ser feito de peito aberto, com rigor e vontade, com esmero analítico e registro, por escrito, com a mesma disciplina e seriedade usadas para o trabalho.

Posts selecionados do *blog* que deu origem a este livro e de exame.com

A partir destes exercícios você terá uma boa análise sobre si mesmo, seu *status* atual de carreira, para onde quer ir e como pode começar a se mexer. Mais do que isso, terá um documento escrito, que poderá (e deverá) ser reavaliado constantemente, ao menos uma vez a cada três meses. Pois da mesma forma que aplicamos reavaliações periódicas aos planos de ação do trabalho, devemos medir o nosso progresso e eficiência relacionados ao planejamento de carreira. Se você traça um objetivo para daqui a três anos, isso significa fazer por volta de doze reavaliações (uma a cada trimestre), com atualizações e sintonia fina do plano original.

Como escrevi no início deste *post*, trata-se de um tripé de grande valor para o planejamento de carreira: iniciativa/autoconhecimento e disciplina. Algo que não é usual para muitos profissionais, tampouco fácil de ser posto em prática. Você pode fazer isso sozinho ou com o auxílio de um profissional especializado, um *coach*. Mas não deixe de fazer. Os benefícios são certos.

Não espere ser chamado por um *headhunter* (caçador de cabeças, em tradução literal) para mudar seu destino, rever sua satisfação no trabalho atual ou renegociar sua posição na empresa atual. Aja agora, proativamente. Seja seu próprio *fatehunter* (caçador de destino).

> *Você deve achar o melhor em si mesmo e trazê-lo à tona.*
> *Isto é o que lhe é dado – uma vida para viver.*
> *Marx nos ensina a culpar a sociedade por nossas fragilidades;*
> *Freud nos ensina a culpar nossos pais por nossas fragilidades;*
> *A astrologia nos ensina a culpar o universo.*
> *O único lugar onde podemos procurar a culpa é no interior: você não teve a coragem de revelar sua lua cheia e viver a vida que era o seu potencial.*
>
> JOSEPH CAMPBELL

Fio dental corporativo

Esta semana, durante um *workshop* que ministrei para um grupo de profissionais sobre Trabalho & *Stress*, ouvi um comentário de um dos participantes sobre a dificuldade em administrar a pauta de assuntos inacabados no trabalho. Daí a ideia deste texto.

Quem acompanha meu *blog* sabe que sou formado em Odontologia, área na qual trabalhei por um ano e meio, com consultório, placa na porta (que depois virou enfeite da churrasqueira do meu apartamento...) e tudo mais. Uma das coisas mais importantes que aprendi quando era dentista foi sobre a importância do uso do fio dental. Passar fio dental é um hábito fundamental para uma boa higiene bucal, para a saúde das gengivas.

E o que isso tem a ver com carreira, gestão e *stress*?

Antes de mais nada, pesquisas comprovam que executivos (adultos) que não passam fio dental tem propensão muito maior a ataques cardíacos, derrames, diabetes e outros problemas sérios de saúde (a razão parece estar nas bactérias presentes na gengiva doente, que penetram na corrente sanguínea, causando problemas a diversas partes do corpo). Todos nós queremos ser produtivos, construir uma carreira de sucesso e crescer profissionalmente. Mas enfrentamos uma rotina de *stress*, às vezes muito severa, e que certamente pode trazer danos à saúde. Fio dental para ajudar a evitar estes problemas parece uma boa ideia.

Outro aspecto diz respeito à higiene mesmo, ao que fazemos com nossa saúde bucal no dia a dia do trabalho. Café o dia inteiro, balas para tirar o hálito do café, bolachas e barrinhas para matar a fome entre as refeições, chocolates etc. Tudo isso sem escovação dos dentes durante boa parte do dia. E os cafés da manhã e almoços com clientes, fornecedores e parceiros? Vejo que pouca gente tem o hábito de escovar os dentes depois, já engatando reuniões e outros compromissos direto, sem parar para uma higiene básica. Até hoje lembro-me da cara de espanto dos americanos quando eu fazia mestrado nos EUA, ao entrarem no banheiro e me verem escovando os dentes depois do almoço no campus da UCLA (volta e meia estou em Congonhas, escovando os dentes em um dos banheiros, e acabo chamando a atenção por isso)...

Posts selecionados do *blog* que deu origem a este livro e de exame.com

Mas o mais importante é o fio dental que temos de passar todos os dias em nossas rotinas, nos excessos desnecessários de nossas agendas, em nossas atividades, em nossa produtividade. Passar o fio nas reuniões sem foco, nas quais perdemos tempo, nas iniciativas que sabemos que darão em nada. Nas conversas de corredor que nos fazem perder horas preciosas, causando nossa presença no escritório até mais tarde. Temos de saber limpar a pauta improdutiva, parar de perder tempo com *e-mails* que não têm nada a ver com trabalho durante as horas do escritório. Temos de arejar nossas mesas, jogando fora relatórios e revistas que achávamos que íamos ler há mais de três meses. Limpar a caixa de mensagens e deixar de lado o que não é relevante. Filtrar os assuntos que realmente merecem ser lidos, bem como revistas, jornais e tudo o que tentamos (mas não conseguimos) digerir de informações para o trabalho. Fazer assepsia nas intrigas e bobagens entre as equipes, bem como no *backlog* de assuntos inacabados, que só geram ansiedade e sensação de confusão interna. Curetar os problemas inúteis, a perda de tempo, a improdutividade, o desperdício de talento e a falta de foco.

Tudo isso é fonte de *stress* crônico, invisível em muitos casos, pois fica ali o tempo todo, incomodando, nos lembrando que temos muitas coisas atrasadas, bagunçadas, pela metade, que ainda não fizemos. São fragmentos que prejudicam, que atestam que mais uma semana passou sem que tivéssemos tempo para colocar a pauta em ordem, para reduzir o acúmulo, o ruído externo (e o interno também).

Para passar fio dental, temos de parar na farmácia, comprar, levar para casa e criar o hábito, com razão e disciplina. Idem para nossa rotina no trabalho e carreira. Passar fio dental corporativo requer análise do que precisa ser tirado da frente, planejamento para termos foco no mais relevante, energia e disciplina para refazer o processo constantemente.

O resultado é certo. Mais produtividade e otimização do tempo. Mais criatividade e mais realização. Mais felicidade no trabalho e tempo para viver a vida fora do trabalho.

Com gengivas mais sadias e espírito mais leve.

Geração limão

Quando eu tinha 16 para 17 anos, lembro-me de que estudei como maluco para entrar no curso de Odontologia da UFPR. Era um dos cursos mais disputados de um vestibular considerado difícil na época. Escolhi Odontologia pelo desafio de conseguir passar por um funil importante, já que não tinha ideia do que queria fazer profissionalmente. O tal funil, em teoria, separaria os mais bem preparados dos demais, selecionando os que se esforçaram mais.

Hoje em dia, o vestibular mudou. E o funil, idem; tanto de época como de formato. Salvo algumas exceções como Fuvest, ITA e algumas outras, passar no vestibular não é mais o bicho de sete cabeças do passado. Há muitas opções de instituições particulares, vestibulares de verão e de inverno, opções de cursos profissionalizantes etc.

O verdadeiro vestibular desta nova geração acontece mais tarde, lá pelos 22, 23 anos. Refiro-me aos afamados programas de *trainees* de grandes empresas. Estes, sim, representam o início de uma mentalidade dura e real de funil profissional, no qual os jovens formandos/formados têm de mostrar seu conhecimento, domínio de línguas, capacidade de compreensão de cenários, intimidade com tecnologia e muita disposição para o trabalho. Provas teóricas, provas práticas, bancas, resoluções de problemas, grupos de discussão, dinâmicas com profissionais de RH são algumas das formas de avaliação dos jovens profissionais, ansiosos por uma bela oportunidade de início de carreira.

O fato é que dificilmente apenas o conteúdo de aulas na faculdade dá a bagagem necessária para a aprovação nestes processos. São necessários estágios diversos, estudos complementares e muito esforço para conseguir participar de forma competitiva. E, tão logo a aprovação acontece, começa a rotina da "máquina de moer carne".

Por estarem nos primeiros degraus da escalada corporativa, estes jovens têm a energia e a disponibilidade para colocar 14 a 16 horas de seu dia para o trabalho. De *trainee* querem passar para a posição de assistente, depois de analista, de coordenador, de supervisor, de gerente, e assim por diante. São anos de muito, muito trabalho e esforço, nos quais o funil de novas oportunidades profissionais tende a ser cada vez mais estreito, premiando os que se esforçam mais, os que sabem mais, os que estão mais dispostos a dar tudo o que tem pelo crescimento e reconhecimento.

No meio do caminho, quando (e se) der tempo, tentam encaixar aspectos da sua vida pessoal (namoro, casamento como bons exemplos), e acabam deixando de lado outros igualmente importantes (alimentação saudável, equilíbrio, exercícios físicos, *hobbies* etc.).

Estes jovens profissionais são o retrato fiel da chamada *geração limão*, aquela espremida, esmagada, sugada até o cerne pelas exigências do mercado corporativo, interessado na seleção natural dos mais competentes, dos mais resilientes, dos afoitos a dar mais em nome da carreira, do crescimento no trabalho.

E aí entra uma grande pergunta: que tipo de líderes estes profissionais serão quando forem responsáveis por empresas, quando gerirem organizações inteiras, quando influenciarem diretamente o ambiente organizacional de suas empresas? Quais as chances de encontrarmos profissionais humanos, equilibrados; líderes que se preocupam com os seres humanos que habitam dentro dos executivos de suas equipes; gestores que privilegiem a produtividade como resultado do equilíbrio entre a vida pessoal e profissional?

Infelizmente, estas chances são mínimas. Somos resultados do meio, da cultura de nossa sociedade, e do que vivemos para nos tornarmos o que somos hoje.

Os *trainees* de hoje são os líderes de amanhã. Os espremidos de hoje serão os espremedores num futuro breve. Para modificar este quadro, precisamos repensar as relações e a importância do equilíbrio no trabalho, levando em conta a perspectiva dos profissionais e também a das empresas. Precisamos equilibrar o esforço no trabalho com a vida pessoal, o conquistar com o usufruir, o ter com o ser, o lucrar com o viver.

As razões são claras:

1. Profissionais mais equilibrados são mais felizes, o que gera ambientes organizacionais mais criativos e leves (atraindo de maneira mais fácil novos talentos e retendo os atuais).
2. Profissionais mais equilibrados são menos estressados, e geram menores custos diretos e indiretos para as empresas (afastamentos, *burnout*, *turnover*, passivos trabalhistas, majoração de impostos como o SAT, entre outros).
3. Profissionais equilibrados são mais produtivos e trazem melhores resultados para as empresas (não só por estarem mais presentes na empresa, mas por produzirem mais como consequência de menor cansaço no mesmo volume de horas).

Novos mercados, novos *players*, a luta por *market-share*, o desafio da diferenciação, a redução de custos, a entrega de resultados: nada disso vai mudar. Na verdade, os desafios só tendem a aumentar. O segredo, cada vez mais, está nas pessoas, no cuidado que devemos ter com os profissionais, com os talentos, com a criatividade e a vontade de fazer mais e melhor.

Isso só se sustenta a longo prazo com gerenciamento de *stress* e equilíbrio. Com respeito pelos profissionais e pelas pessoas, com a mesma atenção que damos para produtividade e lucros. E nunca com práticas como as da *geração limão*.

Stress: problema seu, da sua empresa e de toda a sociedade.

Você está trabalhando muito, há algumas semanas e se sente estranho. Mãos e pés meio frios, sensação de boca seca o tempo todo, dor de estômago insistente. De tempos em tempos, começa a suar muito, sem razão aparente. Se sente irritado, tenso. O coração bate mais rápido, os ombros estão tensos. A respiração parece de cachorro, de tão curta e frequente. As noites são mal dormidas, ou de insônia. O apetite tem dois extremos: fome nenhuma ou vontade de

Posts selecionados do *blog* que deu origem a este livro e de exame.com

engolir o que vier pela frente, exagerando e repetindo, sem parar, às vezes até passar mal.

O volume de responsabilidades no trabalho aumenta, e as reações em seu corpo acompanham. Agora sua memória começa a falhar. Você sente formigamento em diferentes partes do corpo. Se sente mal, cansado, sem vontade. Sua pele fica estranha, e começam a aparecer irritações sem razão aparente. Sua cabeça dói, e a sensação é de muito sangue na cabeça, uma pressão como se estivesse de cabeça para baixo.

O tempo passa e o ritmo no escritório não muda. Você se sente desconectado da família e dos amigos. Sua vida sexual desaparece, sua digestão fica muito complicada. Resfriados surgem como se você tivesse 3 anos de idade e começando a ir para a escolinha, de tão frequentes. Dores de estômago fortes e diarreias acompanham sua rotina. O sono é sempre agitado, e se consegue dormir, os pesadelos estão sempre presentes. Alguns tiques nervosos aparecem. Uma sensação de bigorna, de frio no peito, de tristeza profunda acompanha seus dias.

O cenário acima é desolador. E muito mais frequente do que imaginamos. Pode descrever o que eu, você ou certamente um colega de trabalho já sentiu ou está passando atualmente.

Recentemente, estive em Porto Alegre por cinco dias participando de um Curso de Gerenciamento de *Stress* e depois de um Congresso Internacional de *Stress* no Trabalho, promovidos pela ISMA Brasil (*International Stress Management Association*). Ouvi, li e discuti muito a respeito deste quadro, suas razões e consequências. Uma oportunidade interessante para me aprofundar mais em aspectos da medicina e fisiologia, nas políticas e regras relacionadas à legislação, nos programas e iniciativas de empresas, nas estatísticas e gravidade crescente dos problemas relacionados ao chamado *stress* ocupacional - o *stress* causado pelo trabalho.

Pessoalmente, fiquei surpreso em saber mais sobre a gravidade do problema e o paradoxo de baixo investimento, bem como a incipiência que predominam na área. A começar pelos poucos patrocinadores do evento, bem como pelo espaço de estandes espartanos e pequenos, com parcas empresas apresentando soluções e apoio para o desenvolvimento do segmento no país. O Congresso tem um viés científico interessante, com grande preocupação com bases estatísticas e respaldo comprobatório. Mas os estudos mais recentes datam de 2006, alguns de 2008, e grande parte das menções teóricas vem do início da década passada ou final dos anos 1990.

Paradoxo estranho. Por um lado, baixo investimento, estudos pouco recentes, predominância acadêmica, pouca adesão e representatividade das empresas, segmento ainda em estágio inicial de sedimentação e profissionalismo. Por outro lado, custos astronômicos do *stress* ocupacional no mundo inteiro. No Canadá, a conta anual passa de 14,4 bilhões de dólares (2001); na Europa, 20 bilhões de euros (2005); nos EUA, 300 bilhões de dólares (segundo o *American Institute of Stress*, 2004). Notem que a dimensão é de **bilhões**. Bilhões de prejuízo, de recursos utilizados para correção de problemas, de baixa produtividade. Ou seja, impacto econômico, de desenvolvimento, financeiro, social e humano. Na média, 30% são custos médicos; 70% de efeitos na produtividade. No Brasil, estima-se que os custos estejam em torno de 3,5% do PIB (o que parece baixo ou mal medido quando olhamos para os números de outros países), sendo que pesquisas indicam que 70% dos nossos trabalhadores estão estressados, e 30% destes com chances de evolução para o chamado *burnout* (quadro extremo de falta de esperança, atitudes extremas, esgotamento, despersonalização, afastamento do trabalho por longos períodos ou em definitivo).

Mas que tipos de custos são esses?

Bem, é preciso entender melhor o *stress* no trabalho e seu ciclo de consequências.

O *stress* é, na verdade, uma soma de características genéticas com um ambiente favorável para seu desenvolvimento. A frase de Collings (1983), resume bem o problema: *"Nenhum problema de saúde consegue escapar da influência de oito horas de trabalho."* Talvez em 1983 ainda fossem oito horas, mas e agora, que enfrentamos média de dez a doze horas diárias? Todos temos predisposições genéticas, que podem ser gravemente reforçadas pelos males gerados pelos excessos no trabalho.

Tentando resumir: o *stress* pode ser bom ou ruim. Nós todos temos o comportamento de "luta ou fuga", que é nossa reação natural ao lidar com uma adversidade que possa colocar em risco nossa sobrevivência. O perigo é se manter neste estado por períodos prolongados de tempo. Mas, que estado é esse?

Ao perceber um agente estressor (pode ser um leão na floresta, um ladrão entrando em casa, um chefe exigindo demais ou um volume muito grande de trabalho ou responsabilidade), nosso organismo reage automaticamente com a liberação de hormônios. Com isso, aumenta o nosso nível de glicose no sangue (mais energia, para o estado de luta ou fuga), a circulação passa a se concentrar mais no coração, cérebro e rins (de novo, os órgãos mais importantes são privilegiados automaticamente para lutarmos ou fugirmos), a frequência cardíaca aumenta, idem para a pressão arterial, as pupilas se dilatam (para enxergarmos melhor). Ao mesmo tempo, nossa imunidade cai (fica secundária), a digestão piora (quem pensa em comer numa hora dessas?), idem para o desejo e a capacidade de reprodução.

Pronto, um parágrafo simplório para tentar resumir o que acontece com nossa fisiologia quando estamos estressados (peço perdão público aos especialistas). Mas este resumo ajuda, inclusive, a entender os parágrafos iniciais deste texto, e o que podemos sentir em situações de *stress* no trabalho. De novo, o problema é a exposição prolongada a todos estes fatores.

Fica, então, mais fácil compreender os tais custos do *stress*:

I. **Custos humanos.** Hipertensão, gastrite, problemas cardiovasculares, problemas mentais como neurose, depressão, aumento da incidência de câncer pela queda da imunidade, dependências químicas, alterações osteomusculares, envelhecimento precoce, consequências físicas e psicológicas, renda perdida devido à doença e seus efeitos na sociedade;

2. **Custo para as empresas.** Presenteísmo (queda da produtividade de quem trabalha), perda de memória, absenteísmo (trabalhadores começam a faltar mais, o que gera novos custos como substituição, substituição não perfeita), efeito na produtividade da equipe, atrasos que causam penalidades para a empresa ou perda de oportunidades, atrasos constantes, erros e acidentes de trabalho, invalidez (aguda ou crônica), ações trabalhistas, sabotagem (difícil de acreditar que as pessoas chegam a esse ponto), efeitos no ambiente organizacional, turnover, custos de treinamento de novos colaboradores, má gestão e assim por diante;

3. **Custos para a sociedade.** Indivíduos alienados e doentes, sistemas de saúde onerados, baixa competitividade das empresas, famílias se desfazendo, suicídios (casos extremos e não tão incomuns quanto pensamos), uso abusivo de álcool e drogas, aumento do consumo de remédios tarja preta (o Brasil é um dos campeões mundiais de consumo de Rivotril), cidadãos cujo futuro de saúde e produtividade estarão sempre afetados.

Mas o que causa, efetivamente, *stress* nas pessoas, a ponto de adoecer as organizações e a sociedade? Os chamados fatores e*stress*ores são muitos: carga excessiva de trabalho, longas jornadas, excesso de responsabilidades, excesso de demandas, falta de igualdade, hierarquia rígida, repressora ou autoritária, relações tensas, falta de autonomia, dificuldades de ascensão na carreira, ausência de um sistema de recompensa, conflito de papéis, ambiguidade de tarefas, e assim por diante...

As reações, então, são psicológicas (depressão etc.), fisiológicas (os tais hormônios) e comportamentais (bebida, drogas, remédios etc.). E é logico que variam de pessoa para pessoa, pois todos temos diferentes formas de lidar ou reagir com situações adversas ou desafios no trabalho (o chamado *coping*). Outros aspectos dizem respeito a idade, sexo, estado civil (posso me sentir mais protegido por minha família ou ainda mais pressionado pelas responsabilidades de subsistência), personalidade (posso ser mais ou menos resiliente que meu colega, ter autoestima maior ou menor, ter uma postura mais ou menos negativa perante a

Posts selecionados do *blog* que deu origem a este livro e de exame.com

vida e seus desafios etc.), estilo de vida (prática de exercícios, nutrição, hábitos),bem como tempo de trabalho (mudanças de empresa ou posição sempre geram *stress*; muito tempo fazendo a mesma coisa, idem). Mas, principalmente: *o tempo de exposição aos tais agentes estressores*. Ou seja, por quanto tempo podemos suportar a pressão anormal no trabalho, do ponto de vista psicológico, fisiológico e comportamental?

Como podemos ver, o quadro é sério, real e crescente. Com a globalização, os mercados cada vez mais competitivos e a era da informação, as empresas têm que produzir mais, dar mais retorno, com mais agilidade, mais inovação. A pressão é automaticamente passada para as pessoas, os trabalhadores. Começa então a espiral ascendente de desgaste, ônus para a saúde, custos humanos, empresariais e sociais.

Stress ocupacional é assunto sério, por tratar de seres humanos, de produtividade e de custos para as empresas, de impactos na sociedade. Muito se fala em sustentabilidade hoje em dia. É preciso lembrar que a sustentabilidade começa com as pessoas, com os profissionais, que, por sua vez, compõem as organizações, as empresas e a sociedade produtiva.

Por isso tudo, é fundamental que mais e mais eventos como este da ISMA Brasil se repliquem, com mais profissionalismo e porte, com mais empresas e apoiadores, com mais *cases* sendo apresentados e debatidos. Não é possível que somente tenhamos acesso a estatísticas de estudos estrangeiros e já não tão recentes. Não se pode aceitar que somente eventos de telecom, varejo ou formação de gestores, para citar alguns exemplos, tenham patrocinadores em peso e apoio profissional para crescimento e fomento do setor.

Temos, todos nós, trabalhadores, líderes e gestores, que investir na transformação e prevenção dessa triste realidade de uma sociedade cada vez mais doente por consequência do *stress* do trabalho. A razão pode ser financeira ou humana, individual ou coletiva, empresarial ou social. Tanto faz. Mas é preciso colocar este tema na pauta de prioridade e ação de todos os interessados em construir uma sociedade mais saudável, produtiva e equilibrada.

Jogo do faz de conta

Volta e meia encontro profissionais que dizem que meus textos não são para eles, que o *stress* é parte de nossas vidas, que temos de *suportar*, que é exagero. Pode ser, mas pode não ser... Quem não se lembra do jogo do Faz de Conta do Sítio do Pica-pau Amarelo? A partir disso, fiz uma adaptação ao ritmo de trabalho de muitos, atualmente, e a possíveis posturas que todos nós podemos ter. Veja o que se aplica à sua vida, à sua realidade. Reflita e repense. Encare sua vida e seus monstros no espelho. Faça alguma coisa. Só não faça de conta.

Faz de conta que você está feliz cm seu trabalho.

Faz de conta que você não está estressado.

Faz de conta que você se sente bem pago.

Faz de conta que você trabalha pouco.

Faz de conta que aguenta tudo o que acontece no seu dia a dia no escritório.

Faz de conta que as exigências do seu chefe ou cliente não o deixam angustiado.

Faz de conta que aquele comentário sem tato não o afetou profundamente.

Faz de conta que não leva nada para casa.

Faz de conta que está tudo bem.

Faz de conta que você está crescendo, aprendendo, se desenvolvendo.

Faz de conta que a empresa em que trabalha se encaixa como uma luva no seu ideal de ambiente de trabalho e postura ética.

Faz de conta que você dá atenção para sua família.

Faz de conta que você brinca sempre com seus filhos.

Faz de conta que você não se mata no trabalho para proporcionar uma vida boa para sua famíli e que não se sente meio desconectado deles, as pessoas mais importantes da sua vida.

Faz de conta que você fez check-up *recentemente.*

Faz de conta que comer torta de chocolate todo dia não faz mal.

Faz de conta que beber além da conta quase sempre não indica um problema.

Faz de conta que você não engordou muitos quilos nos últimos anos.

Faz de conta que você não pagou o semestre da academia e só foi dois dias, de novo.

Faz de conta que a esteira da correria corporativa não é a única que você habitualmente frequenta.

Faz de conta que não toma remédio para combater a ansiedade.

Faz de conta que você não tem insônia.

Faz de conta que você não se reconhece em algumas de suas reações.

Faz de conta que você não quer dizimar algumas pessoas no trânsito.

Faz de conta que a vida é tão quantitativa e previsível como um cálculo de valor presente.

Faz de conta que as respostas da vida e da existência são tão precisas como as do Excel.

Faz de conta que você não está deprimido ou pressionado.

Faz de conta que você não acha sua vida sem sentido, numa sequência interminável de segundas-feiras.

Faz de conta que não espera o final da semana e que, quando chega sexta à noite, você só quer dormir, ou beber, e esquecer.

Faz de conta que, quando está no final de semana, você não se sente meio sem rumo, perdido.

Faz de conta que você não fica checando seus *e-mails* no fim de semana.

Faz de conta que você não perde nunca seu Blackberry ou I-Phone de vista.

Faz de conta que você não tem dificuldades sociais.

Faz de conta que você não tem dificuldades sexuais.

Faz de conta que você consegue ter momentos de reflexão espiritual quase sempre.

Faz de conta que você não trabalha para viver nem vive para trabalhar.

Faz de conta que você não tenta construir um patrimônio para gozar a vida lá na frente, sem nem saber se vai estar vivo quando e se chegar lá.

Faz de conta que você não se transformou na pessoa que nunca imaginaria ser.

Faz de conta que você não sabe que vai morrer, e que precisa fazer alguma coisa a respeito desta existência de faz de conta.

Faz de conta.

Do Power Point para o Power Ranger

Este tema é sugestão de um CFO de uma grande empresa fluminense: os efeitos da paternidade ou maternidade em nossa carreira e produtividade.

Uma recente pesquisa da Universidade da Califórnia (mais detalhes em: <http://www.economist.com/node/21555543>) comprova que nos tornamos profissionais melhores depois de nos tornarmos pais. Teoria que apoio e acredito há muito tempo, pelas razões a seguir.

Antes de mais nada, quando ainda somos nós por nós mesmos, a carreira vem sempre em primeiro lugar. Queremos crescer,

Posts selecionados do *blog* que deu origem a este livro e de exame.com

trabalhar até mais tarde não importa com que frequência. Sacrificamos nossa vida pessoal e momentos de lazer em nome da ascensão profissional, do *status*, poder e $$ que são sinônimos do aspiracional da grande maioria dos executivos *workaholics*.

Nem vou entrar no mérito das relações amorosas, de namoro, casamento, de morar junto, de vida a dois. Vou direto para o nascimento de um filho, planejado ou não, desejado ou não. Ter um filho é gerar uma profunda mudança em nossas atitudes em relação ao trabalho, sejam elas conscientes ou não.

Quando olhamos para um filho, a ambição da carreira passa a ter outras cores. A vontade de vencer vira vontade de prover. A importância de ser o melhor entre os pares vira pó ao percebermos o que é ser importante para uma criança que nos espera em casa. A luta por dinheiro e poder se transforma em gana de construir um patrimônio, de não deixar faltar nada, de proteger.

Depois de ter um filho, as horas de trabalho até mais tarde se tornam uma obrigação, uma angústia interna, pois não queremos perder o horário do banho, o cheirinho de sabonete, a cafungada no cangote, o abraço na alma, o momento abençoado da leitura de uma história, o adormecer em nossos braços como se o mundo parasse e não houvesse nada mais importante. Momentos que colocam os assuntos do escritório na sua devida importância, na dimensão real das prioridades na vida. Chegar em casa depois que um filho dormiu é conviver com o atestado de ausência, de opção racional, de violência emocional. Um filho nos coloca um freio nos abusos excessivos do trabalho, uma pausa para reconexão e perspectiva espiritual, nem que seja por algumas horas. Quantas vezes você, pai ou mãe, não saiu do trabalho antes do que deveria para poder ir para casa, dar banho, jantar e colocar seu filho para dormir, para então voltar para o computador e ficar trabalhando até tarde da noite? Ordem de prioridade de um pai ou mãe: em primeiro lugar, o filho, em segundo, o trabalho, em terceiro, você e seu sono.

E o peso na consciência se deixamos de estar com as crianças nos momentos especiais? Uma festa na escola, uma apresentação infantil ou uma mostra de trabalhos? Quem é pai sabe o que é se sentir a pior pessoa do mundo (mesmo sendo o profissional mais competente) por desapontar um filho, por faltar a um momento especial. Mil vezes um olhar de desaprovação de um cliente, uma bronca de um chefe ou um projeto refeito na totalidade do que o olhar magoado de um filho, a dor de uma pergunta não feita sobre o porquê de nossa escolha pender (de novo) para o trabalho.

Outro aspecto diz respeito às prioridades e à produtividade. Um pai ou uma mãe aprendem a ser mais produtivos no trabalho, a dar conta do que é preciso, a não perder tempo no café do corredor, a administrar seu tempo para poder estar em casa na hora certa. A análise do plano de lançamento do novo produto entra sempre na sequência do estudo da prova de matemática. Acompanhar a lição de ciências é mais importante do que o *e-mail* que recebemos do chefe. A pesquisa na internet sobre o trabalho de escola que vai ser apresentado no meio da semana tem prioridade absoluta sobre o contrato de M&A que deve ser entregue no dia seguinte. E assim por diante...

Ser pai é desenvolver uma lente emocional para a vida e também para o trabalho. É entrar num avião lotado de executivos, ter uma apresentação para revisar e não se irritar com o choro de um bebê de colo na poltrona ao lado, mas se compadecer com a cólica que deve estar causando o tal choro. É assistir a um belo comercial feito pela área de marketing e se engasgar com uma cena de pai e filho, quando antes somente se notava a qualidade das imagens e forma da mensagem. É passar na loja do aeroporto antes de voltar para casa e comprar uma bugiganga qualquer, só para ver a carinha deles ao tirarmos da mala um pequeno presente no nosso retorno.

Ser pai, ser mãe, é se tornar um profissional melhor. Mais produtivo, mais inteligente emocionalmente, mais consciente do que é relevante na vida. É sair de uma grande apresentação para investidores, chegar em casa, tirar a gravata, sentar no chão e brincar de super-herói ou Barbie. É mudar o canal cerebral e pular do Power Point para o Power Ranger, do Excel para o Lego, do banco de dados para o pé de feijão que cresce em um copo de plástico. Ser pai é querer construir mais do que um patrimônio.

Posts selecionados do *blog* que deu origem a este livro e de exame.com

É a vontade de criar um legado, um exemplo para nossos filhos. Exemplo que nos faz querer ser melhores, inclusive no trabalho. Mais éticos, mais atuantes, mais responsáveis, mais plenos. É repensar nossos hábitos e excessos no trabalho, e seu custo para nossa vida, nosso tempo e nossa saúde. É morrer de medo de não estar mais aqui para vê-los crescer e amadurecer. É querer ter uma vida mais regrada e saudável, somente para poder ter mais tempo. Não para o trabalho, não para a carreira. Tempo para eles. Que significa tempo para nós mesmos.

Mulheres executivas, competentes e estressadas

Volta e meia recebo testemunhais de leitoras me pedindo para escrever sobre a experiência e a rotina da mulher profissional, os múltiplos papéis da executiva em uma sociedade de carreiras profissionais igualmente competitivas e estressantes, independente do gênero.

Desafio difícil, terreno desconhecido... Mas resolvi tentar, baseado em muita observação, testemunhais recebidos, troca de experiências e um pouco de intuição (confesso que tenho até medo de usar essa palavra quando me dirijo ao universo feminino...).

- *Verdade 1. As mulheres estão ocupando um espaço cada vez maior e mais significativo no mercado de trabalho.* É só olhar em volta na sua empresa. Mais e mais colegas mulheres, às vezes times inteiros de mulheres – um verdadeiro exército de progesterona. Talvez não tantas chefes mulheres (ainda), principalmente em posições hierárquicas mais altas, mas acredito que isso seja apenas uma questão de tempo e de mudança cultural.

- *Verdade 2. As pesquisas ainda apontam um certo preconceito (das empresas, talvez por serem, na maioria dos casos, ainda geridas por homens, e, portanto, dos homens também) no quesito salarial.* As mulheres ainda ganham menos do que os homens. Criam menos? Não. Produzem menos? Não. Ralam menos? Não. Por isso, me pergunto quanto tempo esse "ainda" vai durar.

- *Verdade 3. As mulheres têm mais atenção para detalhes, para acabamento, para gestão de pessoas.* Isso tem a ver com sensibilidade, com uma lente que liga melhor o pensar e o sentir, e que não veio incluída no *chip* da maioria dos homens. Já trabalhei com times com muitas mulheres, e vivi o lado luz e sombra dessa característica: luz pelos detalhes, pelo aprofundamento de conceitos, por novas formas de se abordar um problema; sombra pelo ímpeto de quererem rediscutir e reavaliar de forma recorrente todos os pontos--chave de projetos (parece que o código "bom inimigo do ótimo" também não veio no *chip* de muitas mulheres...).

- *Verdade 4. As mulheres têm uma parabólica multicanal que nós, homens, nem entendemos como funciona.* Basta observar as algumas executivas, capazes de analisar um projeto, falar ao telefone para resolver assuntos dos filhos e, ao mesmo tempo, escutar uma conversa paralela que está acontecendo ao seu redor, no escritório (com opinião para tudo e todos os assuntos, sempre!).

- *Verdade 5. As mulheres são tão ou mais estressadas do que os homens (embora muitos homens não concordem com isso).* Além da credencial de executiva (que trabalha muito, que quer ocupar seu lugar no mercado de trabalho, que luta contra eventuais preconceitos para crescer na carreira), a mulher tem a credencial de esposa, a de mãe e a de dona de casa. Ou seja, ao sair (ou antes de entrar) no escritório, as mulheres normalmente têm que arrumar tempo para supermercado, acompanhamento da escola dos filhos, atenção para o marido (embora este item seja discutível como prioridade...) e cuidados com ela mesma (salão, unhas, depilação e todas essas coisas meio incompreensíveis na perspectiva dos homens).

Posts selecionados do *blog* que deu origem a este livro e de exame.com

Os homens que estão comigo até essa altura do texto podem argumentar que o *stress* masculino é tão grande quanto, afinal também temos nossas carreiras, somos maridos e pais. Mas o fato é que a grande maioria dos homens coloca a carreira em primeiro plano e as relações pessoais acabam encaixadas no que dá (casamento e filhos). Para a mulher, é tudo ao mesmo tempo, com a mesma importância. Quando um filho tem dor de garganta de madrugada, ele pede pela mãe. Quando a rotina doméstica se altera, são as mulheres que entram em ação. Quando a geladeira começa a esvaziar, em geral é a mulher quem socorre (corre?) a família. E, por mais que neguemos, a maioria dos homens conta que as mulheres façam supermercado, cuidem dos filhos e de nós, maridos, fora a rotina do escritório. Conheço muitas executivas que vão ao supermercado por volta da meia-noite, quando os filhos estão dormindo (e os maridos também), as que trabalham até a madrugada depois que o "auê" banho/lição de casa/jantar acalmou, as que chamam cabeleireiros em casa de manhã bem cedo para cuidar do visual. Isso porque a mulher pode tudo: trabalhar, cuidar da casa, atender os filhos, organizar, mandar e desmandar. Ela só não consegue se olhar no espelho com o cabelo sem a coloração em dia, com as unhas quebradas ou sem uma visita periódica ao depilador (não sei nada sobre isso, apenas relato alguns testemunhais e o que vejo acontecer na minha casa!).

E como manter todos esses papéis em dia sem se deixar de lado? Como administrar tantas exigências geradoras de *stress*? Tarefa hercúlea, ou melhor, dinâmica. O equilíbrio se torna ainda mais importante, para que a mulher possa, no meio deste turbilhão, tentar preservar algum tempo para si mesma, para seu autoconhecimento, para a avaliação contínua de suas prioridades, para construir e viver a vida que ela quer, resultado de suas escolhas.

Não se trata de competir com os homens, mas, sim, de saber até onde elas querem ir.

Esposas e gestoras?

Mães e Líderes?

Amigas e Estrategistas?

Sedutoras e CEOs?

Dá para conciliar? Cada uma tem sua própria resposta, pois sabe o que quer, o que busca, o que prioriza, o que mais lhe importa. O fundamental é refletir sobre esta rotina, sobre as conquistas na carreira e seus reflexos na vida pessoal (da mesma forma que todos os homens devem fazer).

Refletir para buscar equilíbrio, felicidade e realização.

Como mulher, como profissional, como ser humano.

O que você diria para você mesmo se tivesse 10 anos?

Tenho um filho de 10 anos, Lucas, que volta e meia me questiona sobre o sentido de certas coisas na vida adulta.

"Pai, por que alguém usa drogas?"

"Por que beber para ficar bêbado?"

"Por que trabalhar tanto?"

"Por que você precisa passar tanto tempo na frente do computador?"

Lógico que, se for para jogar Minecraft ou qualquer outro RPG, ele me ganha de longe, e sou eu que tenho que pedir (mandar) para ele sair da frente da tela. Mas as perguntas dele, muito recorrentes e típicas de alguém que está descobrindo o esboço da chamada vida adulta, me fazem repensar, questionar e observar muito dos meus hábitos. Idem para a rotina de amigos, colegas, clientes e pessoas com quem convivo no ambiente ligado ao trabalho. Fiquei, então, pensando no que eu, se fosse uma criança de 10 anos, diria para mim mesmo, um adulto de 44...

Eu/10 anos - *"Por que você se preocupa tanto com o trabalho?"*

Posts selecionados do blog que deu origem a este livro e de exame.com

Eu/44 anos – *"Porque quero fazer o meu melhor, porque os clientes esperam isso de mim, porque quero construir uma carreira de sucesso, porque quero proporcionar uma vida boa para minha família..."*

Eu/10 – *"Mas vale a pena até o ponto de quase ficar doente por isso?"*

Eu/44 – *"Não é questão de valer ou não valer a pena, mas da obrigação, da expectativa, da pressão pelo melhor."*

Eu/10 – *"Mas essa pressão é deles, de fora, ou sua, com você mesmo?"*

Eu/44 – *"Deles, certamente... e minha também. Afinal, quero dar conta, crescer, impressionar, mostrar o meu valor."*

Eu/10 – *"Mas seu valor está no resultado do seu trabalho ou naquilo que você pensa e faz por você mesmo e pelos outros?"*

Eu/44 – *"Quando a gente é adulto, tem que trabalhar e muito. É assim mesmo. Acaba não dando tempo de fazer muito por nós mesmos ou pelos outros..."*

Eu/10 – *"E para se divertir, você faz o quê?"*

Eu/44 – *"Ah, um monte de coisas: saio para beber com os amigos, assisto TV, navego na internet, organizo as coisas do trabalho para a semana seguinte..."*

Eu/10 – *"Você bebe para se divertir? E fica na internet além do tempo que já tem que ficar por conta do trabalho?"*

Eu/44 – *"Aham... pois é..."*

Eu/10 – *"E você é feliz com seu trabalho?"*

Eu/44 – *"(suspiro)... Acho que sim, estou pensando num projeto para ser mais. "*

Eu/10 – *"É mesmo? E quando isso fica pronto?"*

Eu/44 – *"Não sei ao certo, pois tenho trabalhado tanto que não dá tempo direito de planejar, e nem tudo depende de mim..."*

Eu/10 – *"Que dizer que você trabalha um monte, quase não se diverte, não é tão feliz quanto gostaria com seu trabalho e não está fazendo nada para mudar isso?"*

Eu/44 – *"..."*

Melhor parar com este exercício. Eu, com 10 anos, sou muito irritante. E fiquei confuso: quem parece ter mais clareza e maturidade, eu com 44 ou eu com 10 anos? Quem tem um olhar mais preciso, mais cirúrgico, mais espontâneo?

Ando pelas ruas, pelas empresas e por muitos lugares prestando atenção nos olhos dos adultos. Olhos cansados, desgastados, vermelhos, cabisbaixos, sem brilho. Olhos de crianças do passado, que parecem enxergar a vida de forma dura, automatizada, cinza. Olhos que jamais imaginariam no passado ver no espelho o que enxergam hoje.

E você, como enxerga seus olhos no espelho? O que diria para si mesmo se hoje fosse uma criança de 10 anos, olhando para sua vida atual de adulto, seus hábitos, suas armadilhas pessoais e escolhas? Quanto do que você é hoje faz parte de seus planos lá atrás, quando você pensava no que seria quando crescesse? E como está o seu grau de satisfação com sua vida pessoal e profissional hoje? Por fim, o que você tem feito para modificar o que não está de acordo, o que incomoda ou não colabora para que você possa tentar ter uma vida mais plena, menos estressante, mais equilibrada?

Seu celular, sua produtividade e sua educação

Semana passada eu estava num café da manhã com quatro executivos de uma grande empresa, conversando sobre o *briefing* de uma palestra que faria para o grupo de gestores da companhia, num evento que reuniria coordenadores, gerentes, diretores e presidência. O tema solicitado para minha fala era justamente sobre *Relações no Trabalho e Produtividade*. O detalhe: somente eu e um dos quatro profissionais estávamos, de fato, no tal encontro. Os outros três, apesar de sentados à mesa, estavam somente na nobre companhia de seus *smartphones*, isolados, mal-educados, reféns dos vícios da mobilidade. Cheguei a me constranger em alguns momentos, pois enquanto o que não estava olhando para o micromundo da tela de seu celular falava alguma coisa, ninguém olhava para ele. Somente eu. Fui ao limite de testar a situação, de

Posts selecionados do *blog* que deu origem a este livro e de exame.com

ficar olhando para meu prato de cereais por alguns segundos, para ver se os outros se tocavam, se compadeciam de um de seus colegas estar falando para as paredes. Nada. Depois de uns vinte minutos de angústia, não consegui me conter. Pedi para pararmos, falei que tínhamos que recomeçar a reunião (até pelo tema que estávamos discutindo para a minha palestra), uma nova em que todos estivessem presentes.

Mobilidade e tecnologia são bênçãos para a produtividade e para as ações emergenciais, em que precisamos ser rápidos e quase *just-in-time*. Mas é preciso ter limites. Hoje em dia, puxamos o celular em momentos absolutamente inadequados, como em reuniões, refeições e até no banheiro (um consultor amigo meu diz que o celular invadiu – eca – até nossos hábitos fisiológicos...).

O vício é tão grande que os americanos criaram um jogo chamado *Phone Stacking* (empilhamento de telefone). Basicamente, consiste no ato de, todos que se sentam para uma refeição, comemoração ou bate-papo, colocarem seus celulares numa pilha no meio da mesa. Ninguém pode pegar seu celular por nada. Não vale atender ligação, espiar para checar *e-mail*, ver se chegou alguma SMS, bisbilhotar o *Facebook* ou abrir rapidinho aquele aplicativo irresistível. Não se pode tocar no próprio celular. Quem não aguentar, pega seu celular, mas paga a conta da mesa. Se todos sobreviverem à *crise de abstinência*, a conta é dividida normalmente. E como mencionei em outro texto, já existem programas de *detech* (*detox* de tecnologia): hotéis e *resorts* em que profissionais se internam e, no *check-in*, têm seus *smartphones, notebooks, tablets* e qualquer outro tipo de *gadget* eletrônico confiscados. Passados dois dias de abstinência (por vezes séria, pois alguns locais não oferecem sequer TV no quarto, o que requer acompanhamento psicológico em alguns casos limítrofes), os pacientes começam a conversar de novo, rever a vida, apreciar paisagens e olhar para dentro de si mesmos.

Há, ainda, o lado da (falta de) atenção. Salvo raras exceções, normalmente representadas pelas mulheres (que tem uma parabólica especial de nascença), em geral as pessoas não conseguem prestar atenção efetiva a duas coisas ao mesmo tempo. Talvez os representantes da geração Y já consigam, mas nós, executivos adultos, nascidos no século passado, não viemos com este *chip*. E o que isso causa? Bem, falta de atenção significa menor concentração no assunto analisado ou discutido, o que pode causar superficialidade, subaproveitamento do potencial pleno de discussão do grupo, baixa produtividade. Ou seja, paradoxalmente, quando estamos tentando acessar nossos *e-mails* ao mesmo tempo em que estamos numa reunião, nos tornamos pouco profissionais, improdutivos, infiéis ou descomprometidos à nossa determinação de fazer o melhor trabalho possível. Quem sai perdendo? Nós mesmos e a empresa. Muito se fala do princípio da escuta ativa ou escuta eficaz, da importância da comunicação nas relações entre times e profissionais. Pois bem, comecemos este processo tirando os olhos, dedos e cérebro de uma tela de 3 x 3 que insistimos em sacar a cada cinco minutos de nosso bolso...

E a falta de educação? Simples assim. Falta de respeito, de cordialidade, de mínimo senso de relações sociais. Isso é o resultado do uso inadequado do celular dentro e fora do trabalho. Reuniões em que um fala e quase ninguém presta atenção. Palestras em que deixamos de estar no escritório para aprender sobre um tema novo, abrir a cabeça, renovar ou questionar pontos de vista e que, depois de dois minutos do início, puxamos o celular no silencioso e ficamos checando *e--mail*, vendo os preços de ações ou simplesmente conferindo o *status* dos amigos no Facebook enquanto o palestrante está ali na frente, como num filme de cinema mudo. Um conhecido meu, presidente de uma grande agência de comunicação, me contou que recentemente parou sua fala no meio, na frente de um cliente, pois tanto o cliente como o pessoal da agência insistia em ficar olhando para seus celulares. Disse ele: *"Vou parar de falar agora, pois vejo que minhas palavras não têm importância, ou são menos importantes do que o que quer vocês todos não param de olhar em seus celulares".* Em dez segundos, todos haviam guardado seus aparelhos, e a reunião aconteceu (começou) de forma produtiva como devia ser. Não posso deixar de mencionar também os profissionais que vão para as reuniões (já trabalhei com vários deles) e que fingem anotar observações sobre o que está sendo discutido, mas, na verdade, estão tentando colocar seus *e-mails* em dia ou dando (tentando dar) conta de outras pendências.

Não tem desculpa: se você está tendo que acessar seus *e-mails* em horas que não devia, e ainda pelo celular, tem alguma coisa errada. Ou você não está sendo produtivo no seu trabalho ou está desorganizado ou está com excesso de coisas para fazer (mas não é numa tela de celular ou por alguns minutos de tentativa de *vida dupla* que vai conseguir resolver o problema). Excesso de trabalho, falta de tempo, de organização ou de produtividade. Nada disso justifica a falta de educação de se puxar o celular no meio de uma reunião ou encontro de pessoas/profissionais. Este ato, ou hábito, é sinal de desrespeito, pois declara que o assunto de uma tela de 3x3 é mais importante do que o que está sendo discutido na vida real. Prejudica também a comunicação, pois emissor presente e ativo e receptor semi-presente não engajam discussão, troca e superação, seja de informações, opiniões ou análises. Por fim, é um tremendo mau exemplo, pois se um faz (principalmente se for o líder), todos acham que podem fazer. Vira hábito arraigado, cultura, quase política organizacional. É um passo para o expositor ou o dono da palavra estar falando para as paredes, ou para seres semipresentes, semiatentos, semiprodutivos, semiprofissionais.

Acho que o processo de *salvação* começa com a autoconsciência. Preciso mesmo puxar meu celular agora? Por que tenho que olhar minhas mensagens a cada cinco minutos? Por que fico apertando o *refresh* o tempo todo para ver se entrou alguma mensagem nova? Estou esperando uma mensagem de vida ou morte ou algo crucial para o desenvolvimento da minha carreira? Tenho que reaprender a parar, respirar, analisar meu comportamento automático. *Tenho que me dar conta.* E me policiar, prestar atenção, combater o excesso, voltar a desenvolver a <u>presença real</u>, ativa, consciente e socialmente adequada nas relações no trabalho. Sem celular, sem tecnologia. Pessoas com pessoas, profissionais com profissionais. Vida real. Simples e difícil assim.

Seu trabalho e suas meias

- **Cena 1.** Você acorda sonolento, faz sua higiene matinal, começa a se vestir, senta na cama para colocar suas meias, para, boceja, dá uma olhada nas unhas, mexe nos dedos, põe a primeira meia, ajusta, se espreguiça, ajusta a meia de novo, troca a perna, para, suspira, fica catatônico, boceja de novo, se distrai, olha para o segundo pé, mexe nos dedos de novo, apoia a cabeça no joelho, fecha os olhos, suspira de novo, põe a segunda meia, para, ajusta, e assim vai...

- **Cena 2.** Você acorda sonolento, faz sua higiene matinal, começa a se vestir, mal senta na cama e já colocou as duas meias, perigando inclusive ter colocado uma de cada cor, põe os sapatos e sai de casa o mais rápido possível, com a cabeça já maquinando sobre seu dia, sobre os desafios da semana, sobre os projetos a serem tocados

Qual a sua cena todas as manhãs?

A diferença entre as duas, além da evidente preguiça e falta de velocidade com que coloca suas meias na primeira situação, diz respeito a um fator muito importante no trabalho: a motivação, a vontade, a felicidade no trabalho. Alguns podem argumentar que a rapidez pode ser por pressa, atraso ou mesmo pressão. Mas supondo que neste caso não temos o tal *deadline* no dia e nem estamos atrasados? Se o nosso chefe não estiver de olho na hora em que chegamos e se não precisarmos bater o ponto?

Quando gostamos do que fazemos, quando nos identificamos com a empresa em que atuamos, trabalhar é uma alegria. Uma soma de aprendizado, realização, sensação de crescimento profissional, pertencimento. E isso se completa se ainda por cima temos um ambiente saudável, bem como pessoas com quem queremos conviver e produzir mais. Já o cenário contrário é muito mais difícil, mais preguiçoso, mais lento, mais sofrido. É aquele que glorifica o fim de semana, pois a semana é um parto a ser suportado todos os dias no escritório.

Posts selecionados do *blog* que deu origem a este livro e de exame.com

Vejo muita gente se arrastando pela vida profissional, trabalhando em função única e exclusiva do salário do final do mês. A desculpa é sempre "preciso pagar minhas contas" ou "tenho obrigações a cumprir". Nada de errado nisso, mas a questão é: por quanto tempo? Quanto tempo se pode ficar neste piloto automático, sem buscar alternativas e novos caminhos? Quantas pessoas você conhece na sua empresa que vivem deste jeito? E você mesmo, como age?

Este comportamento pode ser chamado de demissão emocional, em que o profissional está ali somente de corpo presente, com preguiça e falta de atitude. A alma ficou em casa, ou em outro lugar, junto com a criatividade, a vontade de produzir, de fazer diferente, de tentar viver uma vida plena no trabalho.

Argumentos para a falta de atitude não faltam. Tem gente que diz que está há muito tempo na empresa, que já conhece tudo que precisa ser feito, ou que já investiu muito para chegar onde chegou, que prefere ficar com o certo do que com o duvidoso, que o mercado está difícil etc. Mas e o tempo que está passando? E a chance de ter mais satisfação, mais orgulho, mais motivação num local onde passamos a maior parte dos nossos dias?

Um simples pedaço de papel com prós e contras do seu trabalho é o ponto de partida. O que está bom, o que não está. O que é importante para você e o que você encontra no seu trabalho. Dali surge uma constatação, que deve fazer nascer um plano de ação. Um plano para tentar encontrar mais satisfação na posição em que você está, para mudar. Isso pode incluir uma nova posição numa área diferente, ainda que na mesma empresa, uma nova pós, ou um reforço no seu *network*, uma atualização no currículo e envio para *headhunters* e bancos especializados de talentos. Comece pelo seu estado de espírito em relação ao trabalho atual, ponha do papel. Reflita, pense, mas aja!

A capacidade de mudar, de fazer acontecer está em cada um de nós. Não adianta reclamar todos os dias da sua vida, do seu trabalho, da sua rotina e não fazer nada a respeito. Você se demitiu emocionalmente? Procure outro propósito, compre novas meias e seja mais feliz.

"This is the true joy in life, the being used for a purpose recognized by yourself as a mighty one... the being a force of nature instead of a feverish selfish little clod of ailments and grievances complaining that the world will not devote itself to making you happy." (George Bernard Shaw)

Trabalho x Pânico

Paulo tinha acabado de assumir a posição de gerente financeiro de uma grande empresa. Passados menos de três meses, dado o *stress* em que se encontrava, uma certa manhã, quando chegou na empresa para trabalhar e estacionou seu carro, travou. Simplesmente não conseguia sair do carro, nem mesmo tirar as mãos do volante. Ficou lá quase uma hora, até que notaram que havia algo de errado com ele. Foi removido por paramédicos, medicado e afastado do trabalho. Duas semanas depois, pediu demissão.

Márcia era gestora de uma empresa de serviços. Seu ritmo de trabalho aumentou significativamente depois de uma fusão com outra empresa. Certo dia, Márcia surtou. Largou bolsa aberta, computador ligado, chaves do carro em cima da mesa, agenda e tudo mais. Pegou o elevador e saiu vagando pela rua, no meio dos carros, em uma grande avenida de São Paulo. Foi acudida por colegas, que viram que algo não estava bem. Pouco tempo depois, deixou a empresa.

José é médico. Durante o período em que trabalhou em Porto Alegre, estava em uma das fases profissionais mais intensas de sua vida. Um dia, no meio do ritmo alucinado de plantões, atendimentos e grupos de estudo, se sentiu mal no final da tarde, com um pouco de febre. Cancelou suas atividades naquela noite e foi para a cama. Dia seguinte, acordou ótimo. Trabalhou intensamente o dia todo, e no final da tarde, febre e mal-estar novamente. No terceiro dia seguido dos mesmos sintomas, foi procurar ajuda. Descobriu que estava com leptospirose, mas seu ritmo o havia impedido de perceber sintomas em si mesmo, que seriam relativamente óbvios para um médico. Mudou drasticamente o ritmo, se tratou, saiu de Porto Alegre.

Claudia era representante de vendas e estava no auge de uma temporada muito concorrida de metas e desafios. Foi ao banco para sacar dinheiro depois de um dia especialmente difícil. Saiu do banco, entrou no carro e... branco total. Não conseguia lembrar onde era sua casa, qual seu telefone, qual o celular do marido. Ficou dentro do carro, soluçando, muito nervosa. Horas depois, o marido ligou preocupado para o celular dela e notou que nada estava bem. Com jeito e cuidado, começou a perguntar onde ela estava, o que tinha à sua volta etc. Conseguiu encontrá-la e foram para casa. Dia seguinte, médico, medicação tarja preta e afastamento do trabalho por meses. Algum tempo depois, mudou de emprego.

Bernardo era gerente de uma empresa do segmento de entretenimento do Sudeste. Segunda-feira de manhã, chegando em Congonhas com seu chefe para uma bateria de reuniões, desabafou nervosamente que precisava muito ir ao banheiro (para o "número 2"), pois se não fosse naquele momento, não iria mais. Na verdade, ele só ia ao banheiro uma vez por semana, na segunda-feira de manhã...

Todas as histórias acima são absolutamente verdadeiras. Apenas troquei os nomes, segmentos de atuação das empresas e eventuais localidades para proteger a anonimidade de seus protagonistas. São testemunhais que mostram aonde podemos chegar com o desequilíbrio causado pelo trabalho, com o *stress*, com a ansiedade excessiva, com o descontrole, com o pânico.

Trabalho deve ser fonte de satisfação, de renovação, de crescimento, de aprendizado, de remuneração. O trabalho nos faz melhores, úteis, atuantes. Nos molda, nos direciona, nos socializa, nos impõe desafios, vitórias, derrotas, aprendizado. Uma vida com trabalho é uma vida melhor, mais produtiva, com mais significado. Mas quais os limites para o trabalho e seus excessos?

Refiro-me aos limites humanos mesmo. A Síndrome de *Burnout*, descrita pelo médico americano Herbert Freudenberger, em 1974, resume o quadro como esgotamento físico e mental. *Burnout*, em inglês, significa esgotamento, destruição total pelo fogo (segundo o *Michaelis*). Não tem jeito: chega um ponto em que todos nós, profissionais ensandecidos (mas seres humanos), podemos simplesmente ser apagados como velas. Seja por defesa do organismo, seja por ultrapassagem total dos limites. O fato é que podemos pifar.

O *stress* tem um lado bom (*eustress*), que nos provoca, nos coloca na ponta dos cascos, nos estimula e nos põe em alerta. Neste cenário, somos mais produtivos. Mas há o lado ruim (*distresse*) que traz o cansaço, o esgotamento, o torpor, o isolamento, a baixa produtividade.

Temos, no cenário atual de mercados cada vez mais competitivos, duas dimensões fundamentais na seara corporativa relacionadas a este assunto: a dos profissionais e a das empresas.

Os profissionais precisam aprender reconhecer seus limites, buscar mais equilíbrio entre sua vida pessoal e profissional, cuidar da alimentação, combater o sedentarismo, criar tempo de qualidade com a família e se desconectar da tecnologia fora do trabalho. Precisam ser mais produtivos no trabalho justamente para poderem ter mais tempo fora do trabalho. Ao buscar este equilíbrio (que é muito difícil, e, portanto, um desafio diário e perene), se renovam, descansam intelectual e fisicamente, e se tornam inclusive mais produtivos no trabalho. E um ciclo virtuoso pode se iniciar.

Já a perspectiva das empresas é dupla: primeiro, pela necessidade de oferecer um ambiente minimamente saudável a seus colaboradores, que respeite os limites humanos e promova o equilíbrio entre produtividade e qualidade de vida. Isso tem impacto na retenção e atração de talentos a médio e longo prazos. Se a motivação não for verdadeira pelas pessoas, ou mesmo motivada por uma posição de destaque nos diferentes *rankings* de melhores empresas para trabalhar, que seja financeira. Pois é fato que as empresas estão perdendo dinheiro ao passar do ponto de exigência de seus colaboradores. Os custos são crescentes e ligados a afastamentos médicos, absenteísmo, presenteísmo (baixa produtividade de quem está ativo no trabalho), *turnover*, custos de treinamento, custos de atração de novos profissionais, passivos trabalhistas, majoração de custos variáveis como o SAT e os planos de saúde corporativos, entre outros.

Assunto espinhoso esse do *stress*, quando analisado pela perspectiva do excesso, do abuso, dos limites ultrapassados. Muito se fala em qualidade de vida e bem-estar, dentro de uma ótica de mimos ou objetos decorativos nos ambientes das empresas para desestressar os colaboradores. Mas é preciso ir muito além disso. Precisamos de iniciativas e estratégias sustentáveis dentro das empresas, de políticas reais e valorizadas pelas organizações, de respeito rotineiro, tangível e sustentável pelos profissionais, pelas pessoas.

Para que os Paulos, Márcias, Josés, Claudias, Bernardos e tantos outros, de tantas outras histórias e testemunhais que sigo coletando sobre o tema, possam ter no trabalho a realização, a remuneração, o respeito e o resultado que merecem. Em suas vidas profissionais e pessoais.

Você é dono do seu tempo?

Há algumas semanas, recebi uma sugestão de tema para o *blog* de uma profissional que queria se inscrever em um *workshop* meu sobre Trabalho & *Stress*. O evento era para um grupo de empresários convidados, em uma quinta-feira pela manhã. Ela, como todos os participantes, teria de se ausentar do escritório a manhã toda, o que demandava certo planejamento e autonomia de agenda. Como não pôde participar, escreveu-me sugerindo o tema "autonomia x tempo", que achei muito relevante para nossas reflexões sobre carreira, vida pessoal e prioridades.

Lembro-me de um episódio pessoal em minha carreira, quando minha filha mais nova nasceu. Eu era gestor de uma grande empresa e estava no meio do processo de aprovação de um projeto enorme. No meio da tarde do dia seguinte ao nascimento, tive de sair da maternidade e deixar minha família sozinha e passar horas na empresa discutindo detalhes de finalização com meu chefe, que estava especialmente *difícil* naquele dia. Lembro da sensação de angústia que senti ao ter de deixar minha mulher e minha filha, ao me ausentar de um dos momentos mais significativos da minha vida adulta (o nascimento de um filho), para dar conta dos entregáveis do trabalho. Tive de fazer, de cumprir com minha responsabilidade, mas senti muito no lado pessoal, o que não esqueço até hoje. E sei que não sou exceção.

Lógico que temos que ter responsabilidade sobre o que gerimos e tocamos, pois queremos não somente fazer o trabalho benfeito, mas também criar oportunidades de ascensão profissional que têm como mola propulsora nosso histórico de *cases*, projetos de sucesso e conquistas ligadas ao mundo corporativo. Mas onde fica a vida pessoal nisso tudo? Com que habilidade conseguimos equilibrar os diferentes pratos desta balança? Acho até que a melhor metáfora nem é a de uma balança, mas sim a de um daqueles malabaristas de circo, que ficam equilibrando diversos pires que giram em varetas altas. Às vezes, alguns pires caem. Quantos pires você deixou cair nos últimos dois anos de sua vida? Refiro-me aos pires importantes, como momentos relevantes do desenvolvimento de um filho, um casamento, uma viagem com a família, ou mesmo sua saúde. Ou então aos pires relacionados a trabalho, que caíram e quebraram por falta de planejamento ou habilidade de gestão, como uma promoção, um novo projeto, uma oportunidade perdida de reciclagem profissional, um cliente que optou pelo concorrente ou, em um caso extremo, uma demissão.

A era que vivemos é a dos excessos. Excesso de trabalho, de *deadlines*, de informação, de conectividade, de entregáveis, de dívida com a vida pessoal, de projetos simultâneos, de compromissos, de corrida atrás do relógio. Gerir o próprio tempo com autonomia, responsabilidade e excelência é uma arte, uma habilidade ímpar para qualquer profissional hoje em dia. Equilibrar a agenda entre os compromissos do trabalho e da vida pessoal, entre as prioridades dos dois lados, é fator fundamental para uma vida mais plena, de maior significado, mais feliz. Tempo para a análise adequada de uma oportunidade no trabalho, para o lançamento de um novo produto, para a integração de um novo profissional ao time, para o devido preparo para uma apresentação importante. Tempo para assistir a apresentação do seu filho na escola, para buscar uma pessoa especial no aeroporto, para jantar na casa de pais ou amigos, para cuidar de alguém que queremos bem e que precisa de nós.

Pessoalmente, não acredito em fórmulas mágicas. Defendo a organização, o planejamento e a disciplina. Por conta disso, afirmo: faça de sua agenda uma prioridade, um guia para a administração de seu tempo. E refaça tantas vezes quantas forem necessárias, para dar conta dos imprevistos e do imponderável que nos cerca no trabalho, com pedidos de última hora, reuniões não planejadas, oportunidades ou crises-surpresa. Atualize diariamente suas pendências, e dê conta das mais importantes, das urgentes, das que você realmente precisa resolver agora. O ciclo pode ser virtuoso ou vicioso. Planejamento gera controle, que gera iniciativa e priorização, que gera produtividade, que alimenta a satisfação e a autoestima, que cria espaço para a criatividade, que traz melhores resultados no trabalho, ou mais tempo para a vida pessoal. O contrário é rigorosamente idêntico, começando e terminando no descontrole. No trabalho e na vida pessoal.

O momento especial do nascimento de um filho não volta mais. O grande projeto de hoje se torna uma lembrança do passado. O que deve permanecer é o aprendizado sobre o equilíbrio entre ambos, com planejamento, flexibilidade e autonomia. Autonomia para decisões que podem ser importantes para nossa vida profissional e pessoal, e que permite escolhas conscientes e sensatas sobre nossas prioridades, nossa trajetória e nosso futuro.

Muito Trabalho, Pouco Stress

Paulo trabalha, em média, doze horas por dia. Sai de casa às 7h30, sempre correndo, sem tomar café da manhã direito, enquanto os filhos ainda dormem. Trânsito, rádio ligado nas notícias do dia, celular e bloco de anotações a postos para tentar organizar sua rotina no caminho. Chega no escritório por volta das 9h15, atrasado para a primeira reunião, e não consegue sequer passar a limpo as pendências que anotou. Reuniões, apresentações, *e-mails* atrasados, ligações, café, correria, almoço. Com clientes ou parceiros. Comida geralmente em excesso, às vezes vinho. De tarde, pique ainda maior, sono combatido com mais café, ansiedade por entregar o que foi prometido para aquele grande cliente, a tal apresentação para o diretor etc. Quando olha no relógio, quase 20h30. E a lista de pendências se acumula para levar para casa, ou para o final de semana. Ele chega em casa depois das 21h, filhos dormindo, de novo, esposa de cara feia. Banho, cama. Certas noites, o cansaço é tamanho que o sono só vem se induzido por um remédio. Dia seguinte, tudo de novo.

Paulo (ou Paula) pode ser você, seu chefe ou diretor, ou um colaborador da sua empresa. Paulo, assim como boa parte dos profissionais, está estressado, vivendo um ritmo alucinado e crônico de ameaça à saúde. Saúde dele, de sua função e da empresa em que trabalha.

Estudos atestam que o custo do estresse no Brasil já responde por mais de 3% do PIB, segundo a ISMA. Mas que custo é esse? O da baixa produtividade, do absenteísmo, das licenças médicas, do turnover, do *burnout*, dos passivos trabalhistas, dos budgets crescentes de treinamento pela perda de bons profissionais para o *stress*. Isso dói no bolso e na reputação das empresas.

Com o mercado de trabalho cada vez mais competitivo, é natural que empresas se empenhem em superar metas, em atingir objetivos. E isso só é possível exigindo mais dos colaboradores. Está montado o cenário da panela de pressão corporativa.

Somemos a isso a realidade do uso de tecnologias que permitem a mobilidade, e o acesso ao trabalho quase 24 horas por dia. Além disso, cenário econômico desafiador, fusões e aquisições, necessidade de outras línguas, atualização profissional constante. Tudo isso tem um resultado certo: *stress*.

Mas, (in)felizmente, estamos falando de seres humanos, não de máquinas. Seres que têm limites, que têm vidas pessoais (ou deveriam ter), e que podem, de uma hora para outra, pifar.

É fato que as empresas precisam de produtividade e resultados por parte de seus profissionais. Mas podem fazer isso com mais atenção ao equilíbrio entre trabalho e *stress*. Podem fazer isso adotando programas estruturados de qualidade de vida e equilíbrio no trabalho, pautados em políticas consistentes e de vanguarda em recursos humanos.

As melhores empresas para trabalhar são aquelas que vão, de fato, além da consagração na mídia. São aquelas que se preocupam verdadeiramente com seus profissionais, com o equilíbrio entre a produtividade e a saúde, com os limites entre os resultados e o esgotamento, com a reputação que ecoa dos ambientes organizacionais.

Para Paulo, ou qualquer outro profissional, é vital encontrar na empresa uma política que incentive a importância do equilíbrio no trabalho, o desenvolvimento da consciência dos limites, sua aplicação prática, bem como consistência ao longo do tempo. Só assim Paulo (ou eu ou você) vai ser mais produtivo e saudável, bem como poderá permanecer mais tempo na empresa em que trabalha. Sem abrir mão da produtividade e dos resultados que deve apresentar. Com mais equilíbrio entre a vida pessoal e a carreira. Sempre com muito trabalho, mas com pouco *stress*.

Remuneração emocional

Acredito que a felicidade no trabalho seja consequência direta de quatro fatores: aprendizado, realização, sintonia e remuneração.

Aprendizado, nesse contexto, diz respeito a quanto aprendemos e crescemos como pessoas e profissionais por meio do trabalho. Realização no sentido de produtividade, de paternidade sobre projetos e feitos resultantes do esforço empreendido no trabalho (acho que apenas aprender não é suficiente, precisamos ter paternidade e gerar frutos de nosso trabalho). Já a sintonia significa quanto nosso propósito pessoal combina com o propósito da organização onde trabalhamos (o exemplo extremo seria a falta de alinhamento de um ex-atleta trabalhando numa empresa de cigarros). Por fim, a remuneração: para muitos, a parte mais importante, o resultado mais óbvio e motivador do trabalho. Porém, penso que, a médio prazo, qualquer um destes quatro aspectos, caso faltante, fará muita diferença na permanência de um profissional na empresa em que trabalha.

É fato que, de forma cada vez mais crescente, o trabalho ocupa grande parte de nossa rotina, de nossas vidas. Dedicamos horas e mais horas de nosso tempo para o trabalho, para cumprir (ou superar) as expectativas relacionadas aos cargos que ocupamos, por consequência abrindo mão do tempo que poderíamos passar com nossos familiares e amigos.

Com o passar dos anos e os avanços em nossas carreiras, entramos em um *modus operandi* de dedicar uma pequena parte de nosso tempo fora do trabalho para a família, sempre com a eterna promessa de reposição no fim de semana. Quando chega o sábado e o domingo, tentamos compensar nossa ausência (dívida?), mas muitas vezes somos vencidos pelo cansaço ou pelo trabalho acumulado de semanas, que acabamos levando para casa.

Daí a pergunta: se existisse uma avaliação formal de desempenho de cada um de nós, profissionais que não medem esforços para o trabalho, mas cujo foco fosse em nossa atuação e resultados como pais ou mães, maridos ou esposas, filhos ou filhas, amigos ou amigas, qual seria nossa remuneração merecida?

Qual seria o seu salário como pai ou mãe, na avaliação de seus filhos? Quanto tempo, em quantidade e qualidade, você consegue dedicar a eles? Quantas apresentações ou reuniões da escola você conseguiu participar recentemente? Com que frequência você consegue brincar, jogar ou simplesmente conversar com seus filhos, sem preguiça ou sem tentar olhar suas mensagens no celular ao mesmo tempo? E como marido, ou esposa, qual sua posição num *grid* salarial hipotético? Com que frequência você chega em casa do trabalho como sonâmbulo, fingindo escutar as histórias de seu companheiro ou companheira, ainda com a cabeça no trabalho, ou cansado demais para sequer se interessar? Quando foi a última vez que você se empenhou de verdade para marcar um programa romântico com sua esposa ou marido, com

Posts selecionados do *blog* que deu origem a este livro e de exame.com

a mesma energia e vontade com que vive perseguindo aquele prospect no trabalho? E perante seus amigos, sua remuneração seria a de um presidente, diretor, gerente ou estagiário? E seus pais (para aqueles que ainda os têm), com que paciência, escuta ativa e atenção você os tem tratado?

Vivemos uma época muito estressante.

Mercados cada vez mais competitivos, corte de custos, fusões e aquisições, globalização, uso ininterrupto da tecnologia. Todos estes fatores, entre outros, nos fazem viver para trabalhar, e não mais trabalhar para viver (no sentido do crescimento, da realização e da sintonia). Temos de ser produtivos, temos de nos fazer importantes nas empresas, temos de ralar. Ao mesmo tempo, temos medo de perder o que conquistamos, de não conseguir bancar o estilo de vida que queremos, ou mesmo de não conseguir proporcionar um futuro decente para nossos filhos (sendo que, curiosamente, para fazermos isso, abrimos mão de viver um presente absolutamente precioso com eles...).

Quero, com isso tudo, provocar reflexão. Não para que saiamos por aí desistindo do que temos, ou com a ideia maluca de abrir uma pousada numa praia qualquer. O desafio de todos nós é construir este equilíbrio no mundo de hoje, na rotina que temos, no excesso de trabalho que nos cerca, cada vez mais.

A chave é aplicar um pouco da disciplina do trabalho na vida pessoal, nas nossas relações pessoais. Para que possamos ser credores também em casa, e não somente em nossas carreiras.

Finalizo com uma historia muito tocante sobre este tema, do livro *Presence*, de Otto Schramer, Peter Senge, Joseph Jaworski e Betty Sue Flowers (tradução livre minha):

> *Há muitos anos, em um seminário de liderança, um cidadão jamaicano do Banco Mundial chamado Fred contou uma história muito marcante.*
>
> *Ele havia sido diagnosticado com uma doença terminal. Depois de consultar diversos médicos, sempre com o mesmo diagnóstico, passou pelo processo comum a todos os que*

já viveram tal situação. Por algumas semanas, entrou em negação. Mas, gradativamente, com a ajuda de amigos, ele foi se dando conta de que tinha apenas mais alguns poucos meses de vida.

"Uma coisa maravilhosa aconteceu", ele disse. "Eu simplesmente parei de fazer qualquer coisa que não fosse essencial, que não importasse. Comecei a trabalhar em projetos com crianças, algo que sempre queria fazer. Parei de discutir com minha mãe. Quando alguém me fechava no trânsito ou alguma coisa acontecia e que antes teria me deixado muito chateado, eu não me deixava afetar. Eu simplesmente não tinha o tempo para desperdiçar com qualquer uma daquelas coisas."

Ao final daquele período, Fred iniciou um relacionamento especial. Sua nova namorada insistiu para que ele buscasse outras opiniões sobre sua doença e estado geral. Ele acabou se consultando com alguns médicos nos Estados Unidos e, logo depois, recebeu uma ligação importante: "Temos um diagnóstico diferente". O médico lhe disse que ele tinha um tipo raro de doença, mas curável.

Então, veio a parte da história que jamais vou esquecer. Fred disse: "Quando escutei essas palavras do médico pelo telefone, chorei como um bebê, porque eu tinha medo que minha vida voltasse ao que era antes...".